事例に学ぶ

不登校の子への援助の実際

小林正幸　著
Kobayashi Masayuki

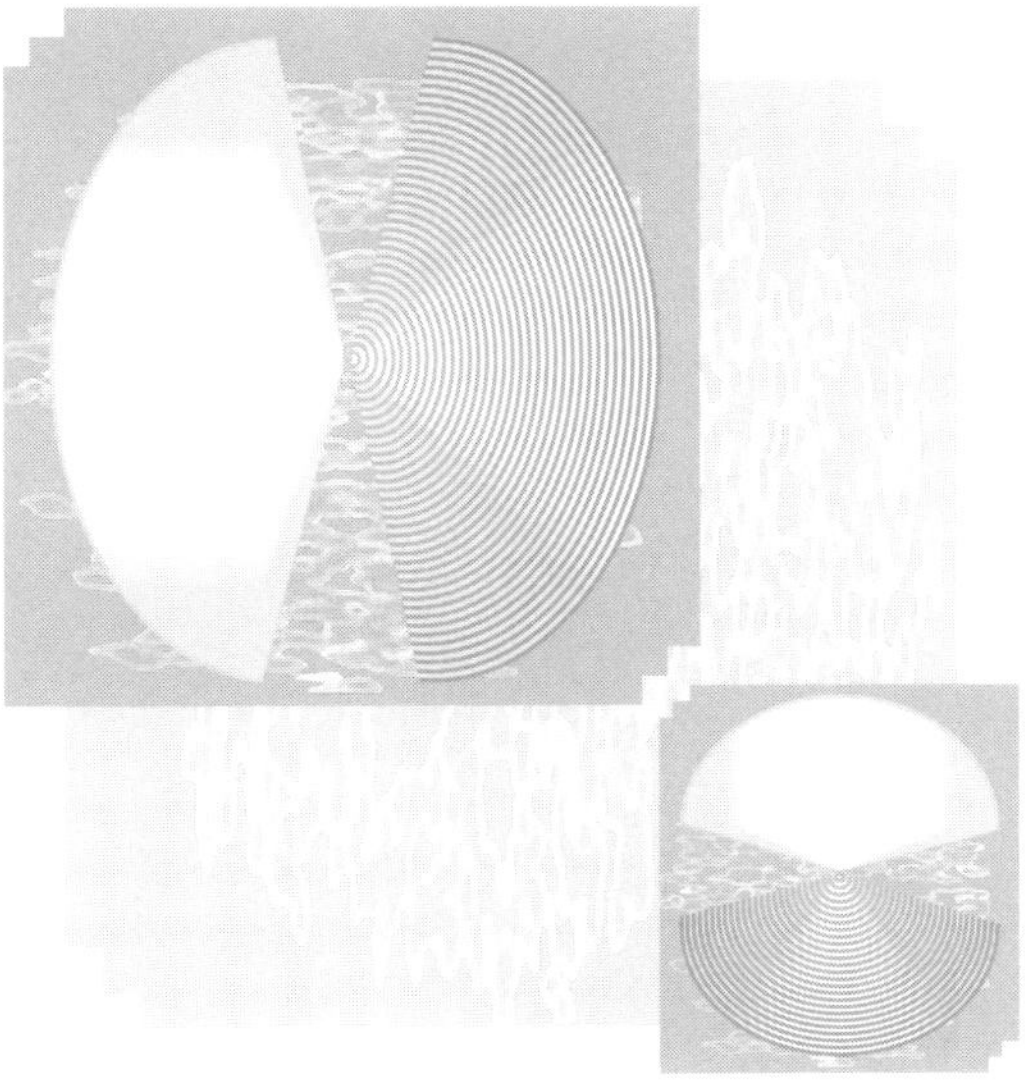

金子書房

はじめに

不登校の問題とは、学校と子どもが合わない問題である。その総数は、ある程度の規模の県の児童・生徒の全員に相当し、この二年減少傾向にあるとはいえ、最近の十年間で、不登校児童・生徒の発生率は二倍に近い水準である。子どもと学校の合わなさという現象が、この十年で確実に広がったと言える。それゆえに、不登校の問題は、教育問題の中核を占める問題であり、社会問題として扱われる意味を持つ。とはいえ、本書では、「不登校がなぜ増えたのか」という社会現象としての不登校問題について多くを語らない。社会問題として不登校現象を見ると、簡単に減少させることができる問題ではないと思うし、このことは、別の機会に述べてきた。

しかし、臨床心理学に携わる者の第一の使命は、目の前にいる心理的な問題に悩む個々人を援助することである。それが、臨床の専門家としての使命である。そこで、本書では、不登校の問題に関わる教師をはじめ、心理の専門家、カウンセラーなどの教育関係者に、不登校の子どもに関わる際の勘所、援助の実際をできるだけ伝えたいと願った。そのために、筆者の実践事例を織り交ぜ、具体的に記すことにした。ある教育委員会と一緒に行っている市全体の不登校を半減させる計画の実際も、現在進行形の形で触れる。このように方法論をすべて提示するのは、他の実践家に役立ててほしいからに他ならない。

確かに、臨床心理学やカウンセリングの場では、科学には収まらない部分、アートの部分がある。だが、そのアートの部分で言えば、これは名人芸であってはならないと思う。それは、名人芸ではなく、職人レベルの方法論や技能でありたい。職人レベルの方法論、技能が共有されて、一定の成果が見えなければ、科学とは言えない。筆者は、科学としての臨床心理学、カウンセリングを大切にしたいのである。

なお、このように実践事例を多く掲載したが、その記載に当たっては、個人情報をそぎ落とした。流れを損なわない形で、部分的にフィクション化したり、類似した事例を合わせたりしている。このようにデフォルメされているとはいえ、これらの事例は、筆者の臨床家としての技量や方法論を洗練されたものにしてくれた貴重な体験の塊である。

その体験の塊を開示することで、今後に続く心ある実践家が、職人としての確かな方法論や勘所、技量を獲得してほしい。そして、この問題に悩む子どもや保護者の解決に役立ててほしい。筆者を育てた実践事例に感謝しつつ、それを願って止まないのである。

小林正幸

事例に学ぶ　不登校の子への援助の実際

目次

序章　不登校に関われる教師・関われない教師

なぜ不登校が起きるのか

不登校が起きるのは、子どもが「学校を嫌だ」と感じるからである。学校場面を嫌だと感じなければ、学校を避けるはずもない。つまり、不登校は、「子どもが学校に合わない」ことで起きる。「子どもが学校に合わない」とは、「学校が子どもに合わない」ことと同じである。「夫が妻に合わない」と「妻が夫に合わない」とは同じ意味だが、それと同じ話である。

不登校の問題を「学校が子どもに合わない問題だ」と考えると、わが国で不登校が増加することは、「わが国の学校教育が、現代の子どもに、日に日に合わないものになってきている」という意味になるだろう。実際、一九八〇年代ごろから、不登校は右肩上がりで増え続けている。不登校の問題は、「現代の子どもに合わない教育を提供している」という点で、教育問題を代表する問題だと言えるだろう。

不登校を示す子どもが増え続けた結果、二〇〇三年度で、年間三十日以上、原因不明の欠席をする小・中学生は、十三万人弱に上る。十三万人弱とは、比較的人口の大きい県、たとえば山口県の小・中学生全員が、年間三十日以上欠席していることになる。これだけ多くの小・中学生が、学校に合わない。つまりは、それだけの数の子どもに合わない教育環境を、小・中学校が提供しているのかもしれない。

本書では、不登校問題の援助にあたって、その実際的な関わり方に焦点を当てる。そのことで、少しでも、現在不登校の状態にある子どもや保護者の手助けになれればと思う。

一方で、不登校問題の援助以上に、学校教育関係者が考えねばならないのは、不登校を新たに作り出さないための工夫だと思う。なぜなら、不登校問題の解決には時間がかかる。数日で不登校状態から脱出した者は、不登校とは呼ばない。解決に時間がかかる場合に不登校と呼ばれるのである。そのため、一人の不登校の子どもを援助している間に、新たな不登校が発生する。新たな発生を減らさなければ、不登校が減るはずもない。不登校を予防するには、現代の子どもに適合した学校教育を考えることが、重要な課題となるはずである。そして、これは臨床心理学の問題ではなく、教育学、教育心理学の問題であるに違いない。

不登校のきっかけに見る教師の問題

さて、冒頭で、「不登校は学校が嫌だから起きる」と述べた。その根拠をここに示そう。

不登校の予後に関する全国調査がある（現代教育研究会、二〇〇一）。この調査は、平成五年度に年間三十日以上欠席していた中学三年生約二万六〇〇〇人を対象に、二十歳時点でその後の様子を尋ねた調査研究である。

表1　不登校のきっかけ（不登校体験者調査）（%）
（現代教育研究会，2001）

友人関係をめぐる問題	45.0
学業の不振	27.6
教師との関係をめぐる問題	20.8
部活動	16.5
入学・転校・進級でなじめない	14.3
病気をしてから	13.2
親子関係をめぐる問題	11.3
特に思いあたることはない	10.8

表2　不登校のきっかけ（中学校教師調査）（%）
（文部省，1994）

友人関係をめぐる問題	18.5
学業の不振	13.1
教師との関係をめぐる問題	1.7
部活動	1.7
入学・転校・進級でなじめない	3.3
病気をしてから	7.2
親子関係をめぐる問題	10.1
その他本人に関わる問題	23.2

その中で、「不登校のきっかけ」に関する調査がある。その結果は、表1に示す。多い順に、「友人関係をめぐる問題」「学業の不振」「教師との関係をめぐる問題」と続く。上位から見ていく限り、少なくとも

不登校体験者から見た不登校の原因は、学校環境側にあると結論づける方が適当だろう。

ところで、平成五年度当時に、教師自身がその中学三年生の「不登校のきっかけ」を評価したデータもある（文部省、一九九四）。それは表2に示す通りである。文部省（当時）の調査では、基本的にどれか一つを選ぶものであり、表1では、複数回答によるものであるので、単純な比較はできない。それでも、この教師による評価と、不登校体験者の評価とを比較したときに、気になる項目がある。それは、「教師との関係をめぐる問題」である。不登校体験者によれば、「教師との関係をめぐる問題」を不登校のきっかけとしたのは、表1に示すように約二一％であった。この同じ対象に対して、当時の教師サイドの評価では、わずかに二％弱に過ぎなかったのである。

教師はわが身が不登校のきっかけをつくり出していることに、気がつけない立場にあるのだろう。保護者も子どもも、よほどのことでなければ、教師にそのことを伝えないからである。あるいは、教師は、薄々自分の非を感じ取っても、それに気づかないようにしているのかもしれない。この種の調査には、「正直な自己評価を書きたくない……」との気持ちも働くだろう。それとも、そうは信じたくないが、子どもとの関係に目が向かないほどに、教師は鈍感なのかもしれない。以上のどれかであり、以上のいずれの場合もあるだろう。そのように考えないと、不登校体験者の自己評価と教師の他者評価の落差は、納得しがたいのである。

事情をわかり寄り添うこと

さて、章タイトルの「不登校に関われる教師・関われない教師」という意味では、教師自身が不登校のきっかけとなっている場合、関わることが難しい立場になる。そのような場合は、不登校の最初の段階から、子ども自身が強い拒絶を示すことも少なくない。保護者がそのことに怒っていれば、子どもとの関係は当然のこと、保護者との関係を修復するところから始める必要がある。そのため、大きなマイナスからのスタートになる。

【事例】これまでの関わりを見直した過程

小学四年生の担任から受けた教師相談である。担任と子どもとの関係が悪くなり、不登校となった子どもの対応に関する相談であった。もちろん、教師と子どもの関係の問題とは、相互作用の問題である。関係の問題は、相互作用の中でつくり上げられるので、一方的にどちらかが悪いような性質の問題ではない。実際、子どもや保護者側の受け取りの問題が多々ある事例だった。

この難しい状況で、この担任の関わりは素晴らしかった。まず、この担任は、自分の非を見いだし、謙虚にそれを反省するところから始めた。担任は、自分が「子どもの人生、生涯を、台無しにしてしまったのではないか」と思い、「何とか事態を打開したい」と願った。

「自分がその子どもに行えることは、一体どのようなことか……」に注目しながら、家庭訪問を繰り返した。

当然、子どもは会うことを拒絶した。保護者からも面と向かってなじられた。担任が行ったことでないことや、他学年の子どもが行ったことでも苦情を言われた。家庭訪問で無理に子どもに会おうとはせず、置き手紙を残しながら、半年ほどでようやく子どもとの再会に漕ぎ着けた。

この段階で、その学年は終わり、学級編成替えとなった。その子どもと会えるようになったとはいえ、まだまだ気を許した関係とはほど遠かった。保護者の不信感が拭い去られたわけでもなかった。

この段階で、筆者は、担任として最善策を行った半年間だと思った。「担任を継続しなくてもよいのでは……」と考え、そのことを伝えた。新担任になることで、ゼロから関係をつくり上げていくことも、場合によってはよい方向に行く可能性がある点も付け加えた。

ところが、この先生は担任を退くことには消極的だった。保護者や子どもが思うほどの非がわが身にあるとも思えなかった。だが、そのように子どもに思わせ、感じさせてしまったことに、担任として忸怩たる思いがあった。校長に担任を再び持ちたいとの意志を伝え、一方で、自分の思いだけで子どもを振り回してはいけないとも考えた。そこで、「校長の目で自分を客観的に眺め、子どもに最善と思える担任の配置にしてほしい」と、担任の選定の判断を校長に一任した。

　校長の判断は、担任の継続だった。再び、担任となった先生は、その先二年間、関わりを続けた。家庭訪問の関わりを繰り返す中で、子どもとの関係もしだいによい方向に変化していった。それに応じて、保護者の態度も軟化していった。そして、五年生の一年間をかけて、再登校に結び付けることができた。保護者も担任の言葉に耳を傾けるようになり、六年生時には保護者からアドバイスを求められる関係へと変化していった。


　この事例が示すのは、わが身を振り返り、自分の欠点を修正して関わろうとする教師の謙虚さと、前向きさが結果の良否を左右した点にあると思う。この関わりが、子どもの頑なな心を解きほぐし、保護者の態度を変化させたのだろう。

　担任は、不登校の有無とは関係なく、すなわち、「不登校の○○くん」ではなく、「他ならぬ○○くん」の人生、生き方を心配していた。子どもから拒絶をどれほど受けようとも、時間をかけ、あせらずに、じっくりゆったりと安定して寄り添い続けた。マイナスの人間関係を修復しようと、謙虚で誠実な姿を保ったことが、極端なマイナスの関係から、信頼し合える関係にまで変化させたのだろう。

不登校に関われない教師と自信のなさ

さて、「不登校に関われない教師」に目を向けよう。そのような教師は、大きく分けて二つのタイプがあるように思う。一つは、不登校を示す子どもへの関わりに消極的な場合である。もう一つは、不登校問題を、否定的に捉える意識や姿勢がある場合である。そして、両者ともに共通するのは、不登校の問題に関わることへの自信や、教育者としての自信がないことである。

関わりそのものに消極的な教師は、「……だから仕方がない」と、児童・生徒理解する。「保護者が○○だから仕方がない」「子どもが○○なので仕方がない」「○○がないので仕方がない」という具合である。そもそも児童・生徒理解とは、その児童・生徒を、よりよい状態にするために行うものである。そのために、その問題に関わる人が「具体的に何をしていけばよいのか」を理解するために行うことである。その意味で言えば、この理解は児童・生徒理解と呼べる代物ではない。

たとえば、「保護者が子どもに一切連絡を取ってほしくないと言うので、仕方がない」としよう。児童・生徒理解がそこで終わるならば、それは単なる愚痴でしかない。何もしないことの免罪符にしかならない。その状態であるのなら、「子どもに関わる以外に、方法がないのか」を考えるのが、本来の児童・生徒理解のはずである。実際に、先述の教師の場合、最初の段階はその状況にあった。

「家族が子どもを甘えさせている」「子どもの不安や緊張が高すぎる」「子どもに健康な生活をさせられない家族だから」などなど、学校には簡単には関われない事例が数多くあるはずである。専門機関に繋ぐことができない事例も、少なからずある。通常、専門の相談機関には、援助を自ら求める意欲と余裕のある保護者が向かう。そのため、専門の相談機関に繋がらない事例の中に、極端に難しい場合がある。しかし、専門機関にかかっているか否かにかかわらず、学校は教育機関の専門として、子どもや保護者を支えていかねばならないはずである。

ところが、児童・生徒理解が「仕方がない」で終われば、事態には何の変化も生じない。すでに表1に示したとおり、不登校体験者が、「親子関係をめぐる問題」を不登校のきっかけとして挙げたのは、割合としては少ない。反対に、教師に対する「不登校のきっかけ」の調査では、「親子関係をめぐる問題」が多くの割合を占める。この結果も、教師の「仕方がない」との姿勢を表しているように思えてくるのである。

この理解があるとき、「登校刺激を手控える」との美名の下に、教師自身が関わらないことがよく起きる。「登校刺激を手控える」の言葉が、教師の関わりの消極性に免罪符を与え、子どもとの関わりを遮断してしまうのである。

第二は、不登校問題を否定的に見る場合である。その特徴は、問題の理解、児童・生徒理解が「……だからダメなのだ」で終わる。「保護者が○○だからダメなのだ」「子どもが○○なのでダメなのだ」という具合である。「仕方がない」は、事例の改善に明確な害を及ぼさない。だが、学校関係者が「ダメだ」で終わる理解をすることは、百害あって一利なしである。この理解は始末が悪い。

「○○だからダメだ」との考えは、特定の価値、特定の志向性から見た判断である。不登校という現象自体、見ようによれば、学校の価値に背を向けた動きと考えられる。そのため、学校関係者は、不登校の問題をニュートラルに眺められない。たとえば、不登校は「学校が嫌だから起きる」という冒頭の話に抵抗を感じた人は、おそらく、この現象を平静に眺められない立場にあるように思う。

現象を平静に見られないと、たとえば、児童・生徒理解もなしに、「学校に登校させねばならない」と力むことなどが起きる。子どもや保護者の事情を考えないで、特定の目標を定める。一定の価値志向性を持つために、そのような関わりになる。そして、その価値志向性から外れた相手と出会うと、「○○だからダメだ」と、子どもの側の事情を無視する。そのために、子どもとの関係を切り捨てる。

価値志向性を持つのは、間違いではない。そもそも、教育という営みは価値志向性を持つもので、教師は価値を伝えることに専門性がある。この場合、問題となるのは、子どもの側の動かしがたい事情を考慮せず、「ダメだ」と結論づける点にある。本当に価値志向性を伝えたいのならば、相手側の動かない事情の中で、最大限の教育をすることが、教師としての専門性であるはずであるが……。

そして、「仕方がない」で終わる理解にも、「ダメだ」で終わる理解にも、両者に共通する教師の態度があるように思う。「仕方がない」に終わる理解には、教師として不登校の子どもに関わることに、総じて、自信のなさがあるのが見える。「ダメだ」に終わる理解には、価値を伝えられないことに傷つきたくないために取る態度が見える。これにも、教師としての自信のなさが背景にある。

教師が不登校の問題に関わるためには、本当の意味で、わが身や学校を振り返り、相手の事情をわかり、相手に寄り添うことから始まらねばならないと思う。それをする自信がないとき、教師は不登校の問題に適切に関われなくなるのではないだろうか。

コラム1

不登校生徒の追跡調査

不登校生徒の追跡調査研究は、文部科学省（発足当時は文部省）の委託で、森田洋司教授が代表で行ったものである。

その研究の存在は、新聞の一面記事で知った。記事を読んで、「随分大変な調査をするもんだなぁ」と他人事の感想を抱いたのを覚えている。この研究は、平成五（一九九三）年度に、中学三年生で、年間三十日以上欠席した不登校生徒を対象に、二十歳時点で中学卒業後の五年間を追跡調査するものだった。

その朝、森田教授から電話があった。「先生、新聞でご覧になったかと思いますが……」。研究への参加を要請するものだった。

さて、平成五年の時点で、不登校の中学三年生は全国で約二万六〇〇〇人いた。この調査は、三段階に分かれた。まず、卒業校の学校関係者から電話調査をしてもらった。そこでは、対象者の現況と、今後の調査協力を打診した。これが基礎調査で、A調査と呼んだ。このA調査の協力者は、何と一万九〇〇〇人強あり、調査対象者の四分の三に達した。

このうち、調査に協力可能とした者は、約半数いたが、改めて意志確認したところ、調査を許諾した者は三三〇〇人いた。この対象に、改めて詳細なアンケート調査を配布した。アンケートの協力をした者は、約一四〇〇人だった。これをB調査と呼ぶ。この研究は、このB調査を中心に組み立てられた。

そこでは、一四〇〇人のデータを、全国の傾向として述べている。この数は、全国の対象の五％に過ぎない。しかし、A調査とB調査の間には、統計学的にまったくの差異がなかった。つまり、統計学上B調査が全国の傾向を示していると言ってよいのである。

加えて、C調査として、彼らの中の約五〇〇名弱に、電話によるインタビュー調査も行った。その様子は、森田の著書、『不登校―その後』（教育開発研究所、二〇〇三）に詳しい。

第1部

タイプ別・援助の実際

第1章　形成要因・維持要因から見た不登校のタイプ

タイプ分けは何のためにあるのか

分類や整理は、物事や現象を理解するためにある。中世から、分類や整理は学問の世界での伝統である。だが、医学や臨床心理学の領域で、事例をタイプ分けするのは、単に現象を分類・整理するためだけではない。そこで目指すのは、診断や事例理解のためである。そして、診断や事例理解は、治療方針や対応方法を定めるためにある。つまり、医療や臨床心理学の場でのタイプ分けは、治療方針や対応方法に結びつかなければ意味がない。

その昔、一九四〇年代までは、不登校は大きく「怠休（怠学）」という言葉で括られていた。その名称の通り、その中心は「怠学」だった。怠学とは「学校に行きたくないから、行かない」

というものである。その後、四〇年代から五〇年代にかけて、怠学とは異なったタイプが見いだされるようになった。それらは、「学校の病」「学校恐怖症」などと呼ばれた。彼らには、「学校に行きたいけれども、行けない」という点に特徴があった。このタイプは、七〇年代から「登校拒否」という名称で呼ばれるようになった。

従来の怠学は、「学校に行きたくない」という動機の問題である。これに対して、「登校拒否」は、「学校に行きたい」という動機と、「学校に行けない」という行動の不一致が問題になる。したがって、「怠学」では、「学校に行きたくない」という動機に働きかける。これに対して、「登校拒否」では、動機と行動を一致させることが重視される。怠学の問題を扱う場合と、「登校拒否」を扱う場合とでは、対応や援助の方法も、そこでの目標も異なる。このように、対応方法に生かされて始めて、分類や類型は意味を持つのである。

不登校（登校拒否）のタイプ分け

さて、七〇年代から、わが国では「登校拒否」の類型化研究が盛んになった。有名なものでは、東京都立教育研究所による分類がある（小泉、一九七三）。「登校拒否」を「優等生の息切れ型」と「甘やかされ型」に分けた。実際、両者への対応は、まったく異なるのである。「優等生の息切れ型」は、第4章で取り上げるが、登校刺激をできるだけ手控え、受容的に接し、安心感、安全感を与えて、自力回復を待つ。これに対して、「甘やかされ型」では、問題を回避する傾向が強いので、本人の自我を育み、さまざまな形で問題解決に臨む姿勢が向上するように支援、援助していく。その中で、適宜、再登校を援助する。

さて、不登校の問題では、不登校の初期や不登校傾向を示すなどの初期段階と、不登校が本格化した段階とでは、次元が異なっている。当然、両者の段階では、対応や援助の方法が異なるのである。タイプ分けが援助方法と関連することからすれば、大きく不登校の初期段階と、問題が本格化した段階とに分けてタイプを考える必要があるだろう。

不登校の初期段階でのタイプ分け

不登校の初期段階や不登校傾向を示す段階では、タイプ分けと言うより、大きく二つの次元で事例を眺める必要性を強調したい。

第一は、問題のきっかけに注目することである。この段階では、問題のきっかけとなる要因に働きかけることが、有効に作用する場合が少なくないからである。第二は、子どもの示す症状に注目することである。その初期段階では、不登校に伴って、ストレス反応が表れることが多く、その症状に応じて、働きかけ方を工夫できるからである。

1　ストレス因によるタイプ分け

不登校がなぜ起きるのかと言えば、「学校に嫌なことがあるから」である。何を嫌だと感じることが多いのかと言えば、級友との関係、教師との関係、そして、学業上の不適応による。このことは、序章で紹介した。これらは、「不登校のきっかけ」と呼ばれる。いずれの場合でも、教師は、これらの要因に変化を与えることができる重要な人物である。なぜなら、多くの不登校の「きっかけ」は、学校環境の中にあり、教師はその学校環境の中にいる。また、教師は学校環境に働きかけることができ、子どもを扱う専門家でもある。このように、不登校問題の初期の段階では、きっかけだと感じられる対象を見いだして、その対象と子どもとの関係を修復、改善する。そして、教師は「きっかけ」に対して活躍できる重要な人材なのである。

このとき、子どもは「きっかけ」について、直接語らないことも多い。いや、「語らない」というより、「語れない」という場合が多い。不登校の追跡調査（現代教育研究会、二〇〇一）では、二十歳になった不登校体験者に、中学三年時の不登校のきっかけを尋ねているのだが、「とくに思い当たることがない」とした者は、全体の一割強にしか過ぎなかった。逆に言えば、不登校体験者の九割弱は、「不登校のきっかけ」を思い出していた。この調査結果は、五年前を思い出してのものである。五年経過しても覚えている「きっかけ」とは、相当に強烈な辛い体験だったと想像できるだろう。このことの意味は重い。

本来、不登校は「学校に行けない何かがある」という意味を持つ。そして、「その問題を取り除くことは、自分にはできない」ことも意味する。不登校は、その二つのことを、周囲に知らしめることに他ならない。それにもかかわらず、不登校の渦中にあると、子どもは問題の「きっかけ」を語れない。なぜだろうか。子どもがそのきっかけを大人に語ったとしても、問題の解決に「その大人は役に立たない」と判断しているがゆえなのかも知れない。あるいは、そのきっかけを語りたくても、「うまくは語れない」、つまり「筆舌に尽くし難い」ことなのかも知れないのである。

要因が明確でないときに、子ども自身に、不登校の原因を語らせることは、初期段階ではある程度試みてもよいだろう。しかし、そのためには、「大人が役に立てそうだ」と思わせる必要がある。残念ながら、原因を探しているつもりで、子どもを追い詰めてしまう大人も多い。このような大人では、問題の解決には到底役立ちそうではない。

不登校のきっかけが語られなくても、子どもの様子から判断できることはある。見るポイントは単純である。ごくごく初期段階で、子どもが出会うのを避ける対象、近づくのを避ける対象を探す。そこに、問題のきっかけとなる対象があると考える。

友だちとの関係の問題、すなわち、いじめ問題や友人関係のトラブルがあれば、友人関係を避けるだろう。もちろん、学級の中で、自分の拠りどころとなる人間関係がない場合、何となく孤立している場合や、疎外感を味わっている場合もあるだろう。その場合も、友人関係や他人の目を避けるなどのことが、早い段階から起きるはずである。これらの場合では、本人が避ける人間関係の改善に力を注ぐことや、その関係とは別の場や別の人間関係の中で、本人を支える仲間を見いだし、本人との関係を結ばせていく。このとき、「ある子どもが集団に合っていない」とは、「集団がある子どもに合っていない」という発想を抱いてみるのである。教師は、集団の方を、子どもに合わせていくことができる唯一の存在だからである。

一方、教師との関係が悪い場合では、不登校の初期段階から、教師が避けられているかどうかを見る。その場合は、教師との関係に問題があると疑ってよい。教師自身が、子どもに脅威を与える存在になっているのである。このときは、第三者に介入してもらう方がよいかも知れない。スクールカウンセラーや、比較的本人と相性がよい別の教師などの第三者を頼み、両者の関係に介入してもらうのである。

さて、学業上の問題では、学力不振だけが問題とは限らないことに注意する。優秀であっても、学業上の不適応は起きるからである。そこで、これはさらに二つに分けて見る。一つは、学業適応が全般に悪く、学校での授業場面が苦痛な場合である。もう一つは、客観的に学業に適応しているように見えながら、成績を気にするなどのことから、自分の到達目標に達することができないために、不適応感を抱く場合である。前者の場合には、学力の適切な保障、支援が具体的に必要になる。後者の場合には、学業成績へのこだわりを和らげることが中心になる。このように、この両者での対応は、まったく異なったものになるのである。

2 ストレス反応によるタイプ分け

一方、不登校の子どもが併発する症状から、当面の対応を定める場合もある。子どもの示す症状の多くは、不安反応、無気力反応、攻撃反応に分けられる。これらはストレスがかかってくると起きやすい症状である。中でも、不登校では、程度の差があっても、不安反応は広く存在する。なぜなら、不登校は、学校場面を不快に感じ、その不快な場面を前もって想像して、不快場面を避ける行動だからである。不快な場面を前もって想像しているときに、子どもが感じる不快感を、「予期不安」と呼ぶ。このように、不安は不登校の子ども全般に見られるが、その強弱に応じて対応が異なってくるだろう。

①不安が強い場合

不安が強い場合では、安心感を意識して与える関わりが重要になる。言うまでもなく、不登校の子どもは、多かれ少なかれ不安に感じているので、脅かすような関わりは慎む。リラックスした落ち着いた雰囲気をつくり出す。これが基本である。

本人の好む活動を一緒にすることでも、不安は自然に下がる。そこで、本人の趣味に付き合うのもよい。だが、不安や恐れが極度に強い場合には、趣味ですら心から楽しめなくなる。自分の好みの活動でも動けなくなるのである。このときは、穏やかに、落ち着き、せかさず、ゆったりと静かに一緒にいることから始める。そのようにして一緒にいる中で、「君はそのままそこにいてもいいんだよ」ということが伝わる雰囲気や空気を醸し出す。本人の居心地が、少しでもよくなりそうな時間と空間をつくり、それを共有するのである。

また、頭痛、腹痛などの身体症状も多く見られるが、身体症状も不安や緊張と関連が強い。それは、不安や緊張の別の表現だと考えてもよい。身体症状は、第3章で取り上げるが、不安や緊張に無自覚である場合や、それを言語化できない場合に起きやすい症状である。

②無気力が見られる場合

無気力は、不登校が長期化した場合によく見られる。だが、ここでは早い段階から無気力な感じが漂っている場合を指す。無気力というのは、大人の目から眺めた問題であるが、気分としては憂うつな感じが背後にあると考える方が間違いない。無気力な子どもに会うと、つい一喝したり、激励したりしたくなるが、これは逆効果である。

無気力に対しては、「認める」「褒める」ことが基本的な関わりとなる。筆者は、現在できていることをさり気なく指示して、後になって、そのことができていることを見いだし、大いに評価するようにすることが多い。また、「気持ちの上で頑張っているんでしょう。だから疲れちゃうんだよね」と、現在の頑張りを認める場合も多い。

③攻撃反応が見られる場合

適度な怒りであるならば、むしろ望ましい。怒りそのものは、状況を変化させようという意志と、エネルギーの強さを示すものである。そのため、上手に活用すれば、変化するために、怒りは大きな原動力となるはずである。

怒りは、願いが果たされないことから生じる。それだけに、その怒りの背後にどのようなことを願っているのかに注目する。「願いに注目する」ことが、怒りを扱う場合の原則なのである。本人の願うことが見いだされたら、それを言葉にして伝える。「○○をしてほしいんだよね」「○○というようになりたいんだ」などと言葉にする。そのことで、怒りは願いを表す言葉になる。その言葉は、目指す目標へと、変化しやすいはずである。

不登校が本格化した段階でのタイプ分け

不登校が本格化した段階では、筆者は、大きく四タイプに分けて考える場合が多い。本格化した不登校では、再登校した後や、社会適応などの段階を視野に入れ、不登校の期間に被った教育的な空白を補いながら、将来の適応をよりよいものにするための力を蓄えさせたいと考える。不登校の状態を、「学校に行かない贅沢な時間が訪れた」こととして捉え、「せっかく不登校になったのだから、不登校でしか体験できない素晴らしいことを体験させたい」「そのことが将来の糧になるようにしたい」と考えたい。

このとき、将来の適応に役立つ力になるのは、「ソーシャル・スキル」と「セルフ・コントロール」だと考えている。両者ともに、ストレスを乗り越えていくのに必要なもので、この二種類の力は、ストレスに対処できる力「コーピング・スキル」でもある。「ソーシャル・スキル」とは、人とうまく折り合う力のことである。これは、9章、10章でも触れるので、そちらをご覧いただきたい。また、「セルフ・コントロール」は、自分の目指す目標との関係で、「自分のしたいことをあえてしない」ことや、「したくないことをあえてする」ことである。これについては、11章に詳しい。

この両者の高低の組み合わせで、筆者は四つのタイプを想定し、大きく方針を組み立てることが多い。第一のタイプは、セルフ・コントロールが高く、ソーシャル・スキルが低い場合で「まじめ群」である。第二のタイプは、セルフ・コントロールが低く、ソーシャル・スキルが高い場合で、「わがまま群」である。第三のタイプは、セルフ・コントロールもソーシャル・スキルも高い場合で、この群は一時的な不適応が多いので、「一時的不適応群」と呼ぶ。そして、第四のタイプは、セルフ・コントロールもソーシャル・スキルも低く、わがままであり、かつ人付き合いも苦手なことから「育てる群」と呼ぶ。

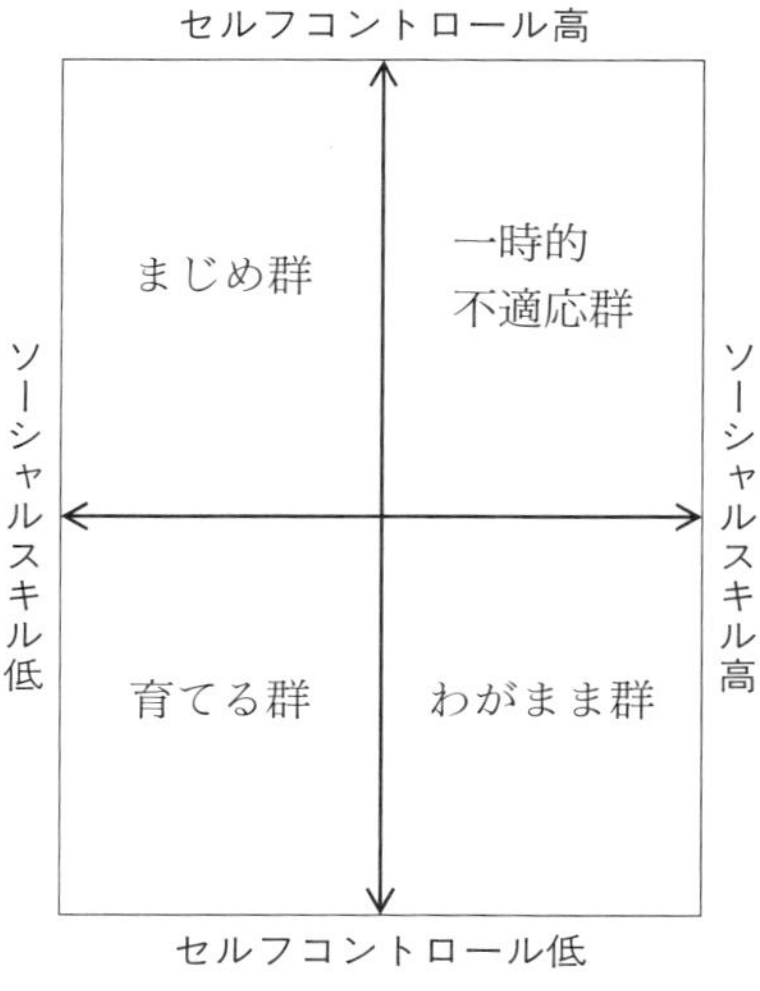

図1　本格化した不登校四タイプ

本書では、第4章で「まじめ群」を取り上げる。また、第5章では、「わがまま群」のうち、遊び・非行を伴う場合を取り上げる。「まじめ群」は、七〇年代の「優等生の息切れ型」に近いが、現代の優等生概念の変化に伴って、かつての「優等生の息切れ型」とは、様相が随分と異なっている。また、「わがまま群」への対応は、第5章と第11章を併せて読むと、基本的な対応は理解できるはずである。

「一時的不適応群」では、本人の適応していく力が強いので、不登校によって生じる不利益を最小のものにしていくだけで、自力で回復していきやすい。これと対照的に難しいのは「育てる群」である。「育てる群」では、ソーシャル・スキルもセルフ・コントロールも共に低い。そこで、さまざまな対応が必要になる。このソーシャル・スキルとセルフ・コントロールのどちらを先行させるのかと言えば、ソーシャル・スキルの向上を先行させるのが原則である。この基本的な流れは、第2部の9章から13章を通して、一連の流れとして述べられている。すなわち、この流れは、「育てる群」に必要なフルコースが語られていると理解していただければ幸いである。

第2章　友だちとのトラブルで登校できなくなった

不登校のきっかけと不登校初期段階での対応

序章で紹介したように、中学三年生時の不登校のきっかけで、「友人関係をめぐる問題」は第一位を占める。不登校体験者の四五％が、不登校のきっかけに、この理由を挙げる。「友人関係をめぐる問題」に限った話ではないが、不登校のきっかけが対応に直接関連するのは、主に不登校の初期の段階である。火事も小火の段階では、火元に働きかけるのが効果的であるが、それと同じである。

そもそも不登校は、不登校の状態が続くことが問題なのである。数日、理由が明確でない欠席が続いても、それだけで不登校と認識されることは少ない。一定期間不登校が継続して、はじめて不登校だと周囲に認識される。ところが、不登校が本格化すると、問題を維持、悪化させる要因が新しく生まれる。問題の維持、悪化の要因が生じると、問題をつくり出してきた要因、不登校のきっかけとなった問題を解決しても、不登校の問題解決に結びつかなくなることも少なくない。

実際、友人とのトラブルで不登校となった後で、進級や転校となり、トラブルを起こした相手がいなくなっても、不登校の問題が続くことの方が多い。このような場合、問題を維持する要因が、問題を引き起こした要因とは異なったレベルで新しく生じてきたと考える方がよい。このような場合は、友人とのトラブルそのものに、それ以上手を付ける必要はなくなる。これは、火事場で火元のタバコの火を消しても、火事が消えるわけではない。これと同じ理由である。

とはいえ、不登校のきっかけが、その後の不登校の状態と無関係というのではない。確かに、不登校を引き起こした要因は、不登校の維持要因や不登校の状態に、陰に陽に影響を与える。この点については、本章の後半に触れる。

友だちとのトラブルは何を引き起こすのか

ところで、子どもたちはなぜ学校に行くのだろうか。子どもを学校に誘う大きな要因の一つに、「友だち」がある。学校は同世代の友人をつくるには、最適の場である。高校生の年齢まで、圧倒的多数の同世代の子どもたちは学校にいる。登校しなければ、昼間に同世代の友人に巡り合うのは難しい。

子どもは学校に行き、友人と出会い、友人に受け入れられる体験をする。その体験が心地良ければ、友だちのいる場としての学校は、子どもを惹きつける大きな魅力を持つ。

その友人関係でトラブルが起きれば、子どもに危機的な状況がつくり出されるのは当然のことである。友人関係のトラブルには、さまざまな場合がある。たとえば、学級内で孤立する場合や、いじめられる場合がある。あるいは、親しい友人関係の中で、喧嘩などの関係の不協和が起きることもある。また、友人が持っている価値観とそぐわない動きをして、友人関係からはじき出されることもある。

このようにして、友だちとのトラブルは、学校の魅力を失う契機となる。そして、それは学校の魅力を失わせるだけではなく、自分の辛い状況をわかり、支えてくれる友人の存在を失うことにも繋がる。友だちとのトラブルよりも、そのトラブルを契機に、学校内で、自分を支えられる人がいなくなったと感じることが、大きなストレスとなって子どもに作用する。そのために、友だちとのトラブルをはじめとして、友人関係の不調は、不登校の引き金にもっともなりやすいのだろう。

初期の段階で教師のできること

登校しぶりや、保健室の利用が増えることや、欠席が継続して数週間以内が、不登校の初期段階である。不登校とは、不快な場面を避け、わが身を守ることである。不快な場面を避けるのは、その不快な場面に働きかけ、事態を自力で解決できないと感じているためで、窮余の策である。つまり、不登校の初期段階といっても、不登校傾向が見られた段階で、子どもは、問題のきっかけとなったことを、もはや自分では変化をさせられないと考えはじめている。「もう耐えられない」ので、学級にいられないのである。

子ども自身は、状況に働きかけることや、友人との人間関係を改善していくのを諦めかけている。そして、傷ついた場を離れ、自分の身を守ろうとしはじめている。その姿が、不登校の初期段階なのである。

欲をいえば、不登校傾向が見られる以前に教師が関わることができれば、不登校傾向ですら未然に防ぐことができるはずである。実際に、そのような形で、不登校にならずに済む場合も少なくないだろう。というのも、友人とのトラブルは、比較的、子どもの変化を教師が把握しやすい問題だからである。教師が子ども同士の人間関係の変化に目配りをしていれば、子ども同士の関係の揺れは把握しやすい。

友人とのトラブルに遭遇した子どもは、表情が暗くなったり、元気さが失われたり、怒りっぽくなる。その変化が学級の中で現れやすい。しかも、比較的短期間のうちにそのような変化が起きる。これが、友人とのトラブルに遭遇した子どもの特徴だからである。子どもの変化を感じ取れるセンサーが鋭敏なら、教師がその段階で関われる。上手に関われれば、不登校に進展することはないはずである。

一方、登校しぶりや不登校傾向は、何らかの形で、保護者や教師など、周囲の大人に関わってほしいと願う動きであるとも理解できる。どの不登校傾向の場合もそうだが、教師が関われる限りは、できるだけ素早く、子どもの傍らに行くのが原則である。そして、「心配をしている」と伝える。友人関係上のトラブルをある程度把握していたのなら、教師が把握し、理解していることを伝える。今回の不登校傾向と関連性がないかどうかを尋ねてもよい。そして、本人に「教師に手伝ってほしいことがないか」を尋ねる。

子どもとの信頼関係を再構築する

しかしながら、友人関係の問題で追い込まれた子どもは、簡単には友人とのトラブルがあったことを是認しないかもしれない。教師に援助を要請することにも消極的な場合が多い。トラブルを把握しながら、不登校傾向に追い込まれるまで、教師が静観していたことに不満や不信を抱いている場合もある。教師が仲間との人間関係に入ることで、事態がより悪化しかねないのではないかと、不安に感じている場合もある。

さらに難しいことに、人間関係のトラブルは、一般に人に対する信頼感を損なわせやすい。そのために、関わってくる人に懐疑的になりやすい。この傾向は、不登校期間が延びれば延びるほど強まっていく。

したがって、友人とのトラブルでつまずいた子どもを援助するときには、教師にせよ、保護者にせよ、「子どもの味方である」との姿勢を基本としながら、子どもとの信頼関係を再構築していくことが何よりも重要になる。初期段階で関わる場合でも、問題が慢性化した段階でも、このことは基本中の基本となる。

では、信頼関係を築くとはどのようなことかと言えば、正直であること、細やかに子どもの意向を確認し、誠心誠意その意向に添った関わりを行うことである。教師に対する信頼があれば、「先生に不用意に関わってもらいたくないけれども、友人関係を回復していくことがもしできるのならば、その援助をしてほしい」と、不登校の初期段階の子どもは感じているはずである。つまり、「不用意に関わってもらいたくないが、関わってほしい」という微妙な気持ちの揺れがある。そこに寄り添わねばならないのである。

また、いじめられのような場合に起きやすいことだが、子ども自身の心理的なダメージが大きい場合ほど、自分自身が辛く、苦しく、そのことで傷付いていることすら感じられなくなることもある。そのようなときには、辛く感じている子どもの感情を受け取り、「それでは辛いよねえ」

「しんどいでしょう」と、少々大げさになっても、感情を言語化して、友人とのトラブルで感じたこと、考えたことを語らせる。

友人とのトラブルの解決策を一緒に考える

このときに、「なぜ、そのようなことになったのか」というような理由探しや、原因探しはしなくてもよい。むしろ、しない方がよい。「誰が何をしていたのか」の事情を、こちらから尋ねることは手控える。子どもの語る事実関係は丁寧に聞いても、客観的な事実をあまり追いかけない。そして、「今、そのことを思い出して、感じること、考えること」を聞くのである。過去の客観的な事実に寄り添うのではなく、子ども自身の今の世界に寄り添うのである。

その上で、子ども自身が友人関係の回復を願っているのなら、一緒に問題解決策を探して、あれこれ考え始める。そして、「友だち関係がどんなふうになったらよいのか」と、目指したい方向を定める。「そのために、君はどうすればよいだろうか」「先生は何ができるだろうか」を考える。そして、いくつものプランを捻出し、提示する。

いくつかのプランが生まれてきたら、その中で実行に移せそうなもの、実現可能性が高い方針を子どもに選んでもらう。それを実行に移した場合で、悪影響が及ぶとしたら、どのような悪影響が及ぶ可能性があるのかも吟味する。子ども自身が、その悪影響の可能性も視野に入れながら、取りたい解決策を選び取れるようにする。

初期対応を誤ると何が起きてくるのか

実は、友人関係からはじき出された事例では、教師の働きかけをもどかしく感じることが少なくない。

【事例】友だちと話し合いたいと言う女の子

たとえば、不登校の初期段階で、自分をはじき出した友だちと「話し合いを持ちたい」と語った子ども（小学校高学年女子）の事例があった。

しかし、担任は「少し待ってほしい」と言い、一週間ほど待たせた。結局、担任は、その友だち側に事実関係を尋ね、「いじめではないらしいが……」との報告を保護者にした。子ども自身はこの対応に落胆して、以後、この話は立ち消えとなった。ほどなく、担任と会うことすら拒否するようになり、その一方で、外出を恐がるようになった。この外出への抵抗感の回復には、その後数か月を必要とした。そして、最終的には、現籍校に復帰せずに、翌年になって転校した。その学校を見限ったのである。転校先では、この子は順調に過ごしている。

この事例の場合、対人関係の持ち方は積極的だった。当初の友人とのトラブルは、親しくしていた仲間から、ある日を境に冷たくされたことに端を発していた。担任は、仲間からはじき出された子どもの訴える事情に寄り添わず、先に仲間の側の事情に寄り添った。少なくとも、この子どもにそう感じさせた。追い詰められた側が、「話し合いたい」と言うのは、よほどの起死回生を願ってのことである。そして、この子どもが願っていたのは、仲間との人間関係の回復であった。

その段階で、教師がどのようなトラブルがあったのかについての事実関係の調査をはじめれば、教師の関わりは、「はじき出したあなたたちが悪い」というメッセージを、文脈として友人側に伝える意味を持つ。結果、仲間は不登校の子どもが教師に「自分たちが悪いことをした」と告げたように感じるはずである。

この話を聞いて、不登校の子どもは「もはや話し合いはできない」と感じた。この段階では、「関係の回復は難しい」という感覚の方が正常である。教師は、「友だち側の事情を尋ねてもよいか」と、教師側の対応について、本人の意向確認をすればよかったのである。このような対応がなかったことが、本人の担任への信頼感を徹底的に損ねたのである。

不登校が継続したら、人間不信・対人不安の増大を防ぐ

この事例に限らず、友だちとのトラブルは人間への不信感を増大させやすい。友だちとのトラブルが罪深いのは、それまで信頼を寄せ、気持ちを許していた相手が、掌を返すように不快な人間関係へと一変する点にある。「どれだけ気を許していると思っても、人は後ろでは何を考えているのかわからない」という感覚が残される。

小学校高学年から中学生にかけて、このような友だちとのトラブルは起きやすいし、男子よりも女子に起きがちである。そして、不登校となり、それが継続するにつれて、「人からどのように思われているのか心配」との気持ちが強まっていく。この感覚を「対人不安」と呼ぶ。不登校の結果、対人不安傾向が強まる。この傾向が強まるほど、この事例のように、外出を避けるようになる。他人との関わりを避ければ避けるほど、自分への自信のなさだけが増していく。

このような段階になってから子どもと関わるときは、「不登校の○○さん」と会うのではなく、「○○さん」と会うのだという感覚で会うようにする。本人との信頼感をつくり上げることを第一にする。そして、子ども自身がそのようなことでは褒められないであろうと考えていることや、本人自身では気がついていないことを意識して認め、本心から褒めるようにする。つまり、「自分では気がつかないこと、自分でダメだと思っていることすら、人はよく思ってくれることもある」という体験を繰り返してもらうのである。

たとえば、ずっと不登校で、何もしていないように見える場合でも、「ずーっと気持ちの上では、頑張ってきてるんだよね」と語るような働きかけを繰り返す。このような関わりが、子どもの人間に対する不信感や対人不安を減らし、子どもの自信の回復に繋がるのである。そして、この面での回復がなければ、再登校などの次へのステップに歩み出すことはできないのである。

第3章　朝になると体調不良を訴える

ストレス反応としての身体の不調

不登校の問題を示す子どもたちに、身体の不調を訴える子どもは少なくない。「不登校に関する実態調査」（現代教育研究会、二〇〇一）の結果では、不登校時の様子を尋ねた中で、「体調がすぐれない」の設問には、「よくあった」が三〇%、「少しあった」が三五・五%あった。つまり、中学三年生の子どもの約三分の二が、不登校当時に体調がすぐれない体験をしていた。また、不登校のきっかけとして、「病気をしてから」の設問に、一三%が該当するとしている。

これは、中学三年生時の不登校を尋ねたものだが、年齢が低い場合ほど、体調不良を示す割合は大きくなる。図2に示すように、東京都立多摩教育研究所のデータによれば、不登校を理由に

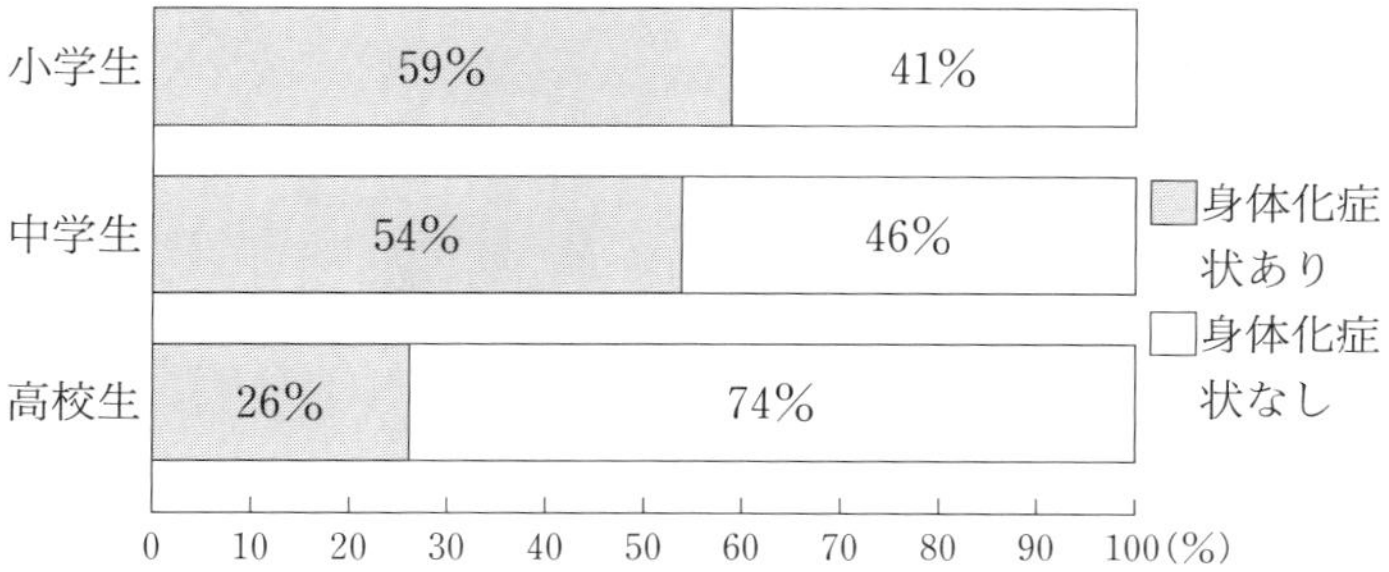

図2　不登校を理由に来談した子どもの身体化症状の出現率
（東京都立多摩教育研究所教育相談研究室，1992より作成）

来談した小学生では、身体化症状の出現率は五九％、中学生の場合では五四％、高校生で二六％を占めていた（東京都立多摩教育研究所教育相談研究室、一九九二）。

このように、不登校の問題では、身体の不調を訴える子どもが多い。これにはいくつかの理由がある。第一の理由は、ストレス反応として、身体症状が示されていることがある。ストレスが加わると、さまざまなストレス反応が起きるが、大別すると以下の四種類である。第一は、「不安で仕方がない」などの不安や緊張の反応である。第二は、「イライラする」などの焦燥感や攻撃反応で、第三は、「憂うつ」や「やる気がしない」などの抑うつ反応である。そして、第四に、頭痛、腹痛などの「身体化反応」がある。

不安や緊張の反応は、わが身を守りたい気持ちが引き起こす。攻撃反応は、自分の願いが満たされないことから起こる。抑うつ反応は、自分の努力が報われない感じから発生する。

そして、身体症状は、広い意味では不安に近いのだが、無力感やイライラ、焦燥感などのいずれとも関連している。すなわち、不安や緊張も、焦りや怒りも、憂うつさも混在し、どのように自分の感情を表現したらよいのかわからない場合に、身体症状としてのストレス反応が出現しやすいのである。

不登校の免罪符としての病欠

第二に、不登校問題で「身体の不調」を訴えることが多いのは、周囲の大人にとっても、子どもも本人にとっても、身体の不調が違和感なく受け入れられやすい欠席理由になるからである。とくに、義務教育年齢の子どもにとって、登校をしない理由は、それ以外に正当化できる理由がない。学校に行かない子どもがいることが許される空間は、家庭と病院しかないのである。たとえば、このような事例があった。

【事例】 過呼吸発作がきっかけで不登校になった女の子

小学二年生の女子の事例である。この子は、学級で過呼吸発作を起こしてから、学級内に入ることが心配で仕方がないということで不登校になった。この問題を「心理的な問題」として扱えないこともないと考えたが、この症状を純粋な「病気」として扱うことにし、懇意の小児科医に紹介した。

医学的に診断すると、この症状は軽度の社会恐怖あるいは不安神経症と呼ばれる症状であり、過換気発作、つまりパニック発作を伴うものなので、パニック障害とも呼ばれるものである。ただし、発作は一回だけであり、家庭にいる限りは元気に過ごし、友人関係も持てていた。したがって、大人の不安神経症のような本格的な精神療法や投薬が必要とも思われなかった。

いずれにしても、この事例では、精緻な医学診断を受けるように促したのである。紹介先の小児科医は、この方面での名人で、紹介元の意図を察することのできる方であった。子どもに「身体を本当に詳しく調べている」ことを伝えるために、真面目な顔をして、足の裏まで聴診器を当てるのである。そのようにして、痛みを伴わないすべての検査を丁寧に施した。その上で「パニック・ディスオーダーですね」と、厳かに横文字の診断が告げられた。

医師は二種類の薬を処方した。「教室に入る前に、こちらの薬を飲みなさい。この薬だけで絶対に大丈夫です。けれど、万が一教室で心配になったら、別のこの薬を飲みなさい」と医者は語った。「万が一、倒れても大丈夫です。別のこの薬を飲んでいれば、絶対に死にません。ただし、この別のお薬はよほどのことでないと飲まないで下さい。家では、どちらの薬も飲んではいけません。一日に飲んでよい量は、それぞれ一錠までです」。

その医者は話を続けた。「家を出るときに、教室に入る自信がなければ、お休みしても構いません。ただし、学校に行くのなら教室に一気に入りなさい。最初の一週間はお母さんが、学校で待機していてもらってもよいでしょう。一週間分の薬がなくなったら、ここにお母さんだけ来診してください。その先、二週間分のお薬を出します。次の二週間は、お母さんに帰ってもらって大丈夫なはずです。本当にそうかどうか挑戦しなさい。それで、何も起きなければ、この症状は治ったことになります。三週間大丈夫なら、まず大丈夫です。今後、もしその症状が起きたら、また、治してあげます」と明言したのである。

即日で、母親から感謝の電話が紹介元にも寄せられた。「パニック・ディスオーダーという立派な病気だったんですね。不登校かと思って心配しました」とのことであった。医者の意図を感じとり、おかしくて仕方がなかったが、「それはよかったですね」と伝えるに留めておいた。

後日談である。すべてが順調に終わった後で、母親は医者から次のように耳打ちされた。「教室に入る前のお薬は、ビオフェルミンです。お腹が痛いこともあると言ったでしょ？教室に入ってからのお薬は、とっても軽い安定剤です。だけど、頑張りやさんだから、僕の予想通り、その薬はあまり飲まないで済みましたね」。

身体症状への基本的な付き合い方

通常、不登校は心理的な問題と考えられる。この事例でも、心理領域で十分に扱える事例であった。しかし、保護者も子どもも身体症状を心配していた。身体の問題に注目をしている場合は、「不登校」ではなく、「○○病」として医療領域で扱ってもらう方が、親子ともに気持ちが楽だったのである。

母親の「不登校かと思って心配しました」という言葉から、欠席の理由に「病名」が付けられることの意義がわかるのではないかと思う。このように、「病名」は欠席の免罪符になる。

身体症状に対しては、実際に身体症状があると考えて接する。これが基本である。不登校の理由は「身体の不調」であり、怠けているのでもない。つまり、「気持ちのせい」でもないのである。通常、心理的な問題となると、「気持ちの持ちよう」と考えられることが少なくない。「気持ちをどのように持つのか」ということは、簡単なことのようで、簡単な話ではない。

にもかかわらず、「気持ちの持ちよう」と言われると、全面的に身体症状そのものが、「自分の努力不足である」という文脈で考えられてしまう。身体症状を示す事例で、この受け取りが起きると、親子ともに悲惨なことになっていく。

朝の体調不良と、不快感情を表現できないこと

さて、不登校の初期段階では、朝の体調不良の問題はよくある。朝は体調が不良で、午後になると元気になる。これを日内変動と呼ぶ。また、学校のない休日は元気なのに、学校のあるウィ

ークデイは調子が悪いこともある。これを週内変動と呼ぶ。これらの症状は、子ども自身が、登校するかどうかを葛藤することから起きるストレス反応である場合が多い。

登校しぶりの段階で、多くの子どもは、登校するか否かを葛藤する。その葛藤が、子どもに大きなストレスを与える。このとき、子どもの心は、「登校するか、しないか」でかき乱される。「登校しなくては」という焦りと、「今日は大丈夫だろうか」という不安、「登校できない」という失敗感からの抑うつ、無力感など、複雑な感情が渦巻く。さまざまな感情が混在すると、それを言葉で表現することは難しくなる。先に述べたように、さまざまな感情が混在し、それを言語化できない場合は、身体症状で表現するしかなくなる。

誰であっても、大震災などの災害など、強烈なストレスに出会ったとき、最初に多く見られる症状は、このような身体症状であることが多い。これは恐怖、不安、焦燥、喪失感などなど、さまざまな感情があふれてしまい、表現能力を上回ってしまうためである。そこで、身体症状となって、「とにかく私をいたわってほしい」という形で表現されるのであろう。

つまり、子どもの場合で言えば、感情表現が苦手であればあるほど、身体の不調という症状で、不安や焦り、抑うつ感を表現する場合が多い。年齢が幼いほど、自分の感情を、言葉で他者に了解可能なように表現することは難しい。先ほど、高校生よりも中学生、中学生よりも小学生の方が体調不良を示す子どもが多いことを示した。このことは、感情表現の稚拙さが関連しているからなのである。

感情表現を豊かにする言葉をかける

不登校傾向を示し、朝、身体の不調を示している場合は、登校について葛藤をしている段階である。この段階では、先にも触れたように、「身体の不調」に付き合う。登校を葛藤している段階では、登校しようという意志がある一方で、「行きたくない」感情が複雑にある。そこで、身体の不調の具合すなわち葛藤のし具合に合わせて、「無理をしないで」と引き止めることも、「頑張ってみようか」と促すことも、その双方の関わりが必要になる。

しかし、どの程度登校を押すのか、引くのかの匙加減以上に、重要なことがある。それは、本人の表情に表れる微妙な変化を感じ取りながら、さまざまな言葉をかけていくことである。その言葉は、本人の非言語的な動作や表情から、本人の感情を感じとり、そして、「君はこう感じているんだね」と、関わる大人が的確に代弁するのである。

この場面を文章で伝えるのは難しいが、筆者の面接場面で、その雰囲気を少しでも伝えてみることにしよう。

【事例】小学五年生男子との会話

「調子はどう?」と筆者。本人「……」うつむく。

「今一つ、本調子じゃないんだね」と筆者。本人「……」頷く。

「学校に行こうと思うと、どうなるの?」と筆者。本人、顔を上げ、「頭……」と言い、首をかしげる。

「頭が痛く?……(本人、軽く首を振る)……重く……(頷く)……。そうか、重くなるんか。……それは辛いねえ……(大きく頷く)。……毎朝?……重くなるの?(頷く)……いやんなっちゃうねえ、毎朝だと(大きく頷く)……。日曜日も重くなるの?(首を傾げる)……そうでもないのかな?(頷く)……よかったね、それは。……日曜日はほっとするんでしょ。(頷く)……」

「お腹……」と本人顔を上げる。

「ん?……そうか、お腹の調子も悪くなるの?……毎日?」「ときどき」と本人。

「それは大変だねえ……。学校のこと思い浮かべるだけで、そうなる感じかな?……(首を傾げながら頷く)……そうかどうかわからないけど、そんな気がするんだ(頷く)。……今は大丈夫?(大きく頷く)……そうか、それはよかった。小林先生の顔見てゲリゲリピーだったら、どうしようかと思ったよ(微笑む)……今、いい顔したね。いつもそんな顔できるようになりたいよね。(頷く)」

感情表現と身体症状

この例は、登校をめぐって相談室で話し合っている場面であるので、話題は身体症状である。ここで読みとってほしいのは、筆者の努力が、本人の感情を代弁し続けることに向けられている点である。「それは辛いねえ」「いやんなっちゃうねえ」「ほっとするんでしょ」「大変だねえ」などの言葉が、それである。また、本人の動作から、そこで表現されていることを汲み取ることも頻繁にしている。さらに、筆者自身が感じている正直な感情を表現することもしている。

これらのことを通して、感情表現を自由にしてよいこと、自分の中に瞬間、瞬間に感じている感情があること、その感情が表現され共有されると、不快な感情は抑えられ、快適な感情が増幅されることを体験してもらうのである。

筆者が感情表現にこだわるのは、身体症状を示す事例ほど、感情表現の表出が抑制的だからである。最初の女子の事例（38〜40頁）でもそうだったのだが、妙に頑張り屋である場合も、一見表現豊かに見えて、頑張れない自分、できない自分や、そのことで感じる不安や恐れなどの否定的な感情をストレートに表現できないことが多い。実は、この女子の事例では、最初の過換気発作がそのような場面で起きていた。

だが、このような事例で、不登校が本格化すると、不登校である自分をさらに否定的に感じる。そのために、症状がどんどん悪化してしまうことが多い。そこで、表現の部分の改善を目指さず、筆者は身体症状にだけ注目したのである。

いずれの事例でも、身体症状を示す事例に関わるときは、会話が成り立つならば、本人の趣味など、本人が語りやすい話題にするのがよい。男子の事例の会話は相談場面なので、登校場面での身体症状の話題となっているが、この話題だけでは会話は長くは持たないはずである。会話すら成り立たない場合もある。この場合は、軽い運動やゲームなどを一緒に行う。そこで、小さな成功や小さな失敗場面を小刻みに捉え、「やったね」「失敗した」などの感情表現を代弁し、本人の感情表現を引き出す関わりをするのである。このやり方が、身体症状の伴う不登校では効果的であり、誤りが少ない方法ではないかと思う。

第4章 バーンアウトした優等生

七〇年代の「優等生の息切れ型」と東京都立教育研究所の類型化

登校拒否の類型に、「優等生の息切れ型」というタイプ名がある。この名称は、七〇年代に、東京都立教育研究所が、登校拒否を類型化したときに用いた名称である（小泉、一九七三）。東京都立教育研究所では、登校拒否のタイプを大きくAタイプ、Bタイプに分け、前者を「優等生の息切れ型」、後者を「甘やかされ型」と呼んだのである。

Aタイプ、つまり「優等生の息切れ型」は、真面目に課題をこなし、教師や保護者の覚えめでたい「学級委員タイプ」の子どものことである。このような子どもが、思春期に入るころに不登校となる。これが、「優等生の息切れ型」の代表的なイメージである。一方、Bタイプ、つまり

「甘やかされ型」は、頑張れず、課題や問題から逃げ出す子どものことである。辛いことに向き合わないので、自信がない。何かに挑戦しようという感じが乏しい。このような場合、学校生活のちょっとした挫折から、不登校になる。これが「甘やかされ型」の代表的なイメージである。

この東京都立教育研究所の類型化は、わが国の登校拒否研究の中では、七〇年代を代表する研究だった。それは、当時の不登校事情に見合ったもので、大きくこの二つのタイプでくくられる不登校の子どもたちが、実際に大勢いたからである。

当時は、高度経済成長の名残があった。頑張ること、耐えることが、今よりも大事な価値を持っていた。学校でも、その色彩が強かった。その価値に合わせることが苦手な「甘やかされ型」と、価値に合わせ過ぎる過剰適応の「優等生の息切れ型」が生み出されやすかったのである。七〇年代までは、学歴が将来を約束するものだった。学校に向かう力、向かわせる力も、今よりも強かった。したがって、この二類型は、学校への適応という点で、問題を起こしやすかったのだ。「優等生の息切れ型」は、学校の価値に順応した結果、自分を見失って生じたものである。「甘やかされ型」は、学校の価値に合わないために生じたのである。

類型化の意味

そもそも、不登校に限らず、問題を類型化するのは、問題に応じた対応策を得るためである。

どのような問題であれ、対応策がワンパターンで済むならば、問題を分類する必要はない。問題解決に役立たなければ、その分類はどうでもよい話である。

古くは、不登校は「怠学」として扱われていた。その中に、「学校に行きたいけれども行けない」という神経症的な子どもが見いだされた。一九四〇年ごろの米国の話である。わが国では六〇年代から注目を浴びるようになった。これが、「学校恐怖症」あるいは「登校拒否」と呼ばれたものである。すなわち、「学校恐怖症」や「登校拒否」も、一つの類型である。

彼らは、「学校が嫌だから、行きたくないから行かない」というのではない。学校に行く意志がありながら、登校に不安や恐れを感じる者のことである。子ども自身が「学校に行きたいけれども行けない」と感じている点に特徴がある。ここで、「怠学」と「学校恐怖症」や「登校拒否」をわざわざ分けたのは、不登校の問題の解決に、異なったアプローチが必要だったからである。「怠学」では、「学校に行きたくない」という動機にアプローチする。だが、「登校拒否」や「学校恐怖症」は、「学校に行きたい」という考えと、「学校に行けない」行動を一致させることが重要になる。このように、臨床の場でタイプ分けをするのは、そのタイプに応じた対応を明らかにし、対応策を共有するためである。

東京都立教育研究所の研究は、その登校拒否の中に二つのタイプがあり、そのタイプに応じた対応が必要だとするものだった。当時、「優等生の息切れ型」の対応では、登校刺激を手控え、「そっと見守る」ことが強調された。また、このような事例は、臨床の場に登場する場合が多く、子どもも学校に行こうとする気持ちが強い。そこで、学校に向かえないことへの葛藤を表現してくれる。それだけに、カウンセリング向きである。子どもの辛さに受容、共感し、子どもの存在価値を強める関わりを行えば、一定の時間が経過すると、子どもは劇的に変身し、学校に戻っていく。カウンセラーは、周囲の登校圧力を弱めること、「登校を働きかけない」関わりを、自信をもって進めればよいのである。子どもに目立った行動上の変化のない中で、関わりを手控えることは、エネルギーと勇気がいる。だが、その結果、子どもが生まれ変わったときには、カウンセラー冥利に尽きる事例となる。

このような「優等生の息切れ型」は、七〇年代には多かった。そして、その変化はドラマチックなものだったので、当時の事例研究や著書では、このタイプの事例が取り上げられ、そこから導き出された対応策が強調されることが多かった。

「優等生」概念の変化

その後、「優等生」に対する価値観に変化が生じてきた。今、「優等生」と言われてもピンとこない。七〇年代の後半には、「真面目」を揶揄する「ぶりっ子」という言葉が、中・高校生の間に広がった。八〇年代には、「ネアカ」「ネクラ」が流行語となった。高学歴化に伴って、学校の価値も相対的に低下した。現代は学歴があったからといって将来が約束されるわけではない。しかし、高学歴社会になったがゆえに、学歴がなければ大きなハンディを持つ。つまり、学校教育は一握りの高学歴を強迫的に求める一群と、学歴競争から一歩遅れ、人並みではあるが、そこからこぼれるのを恐れる大多数を相手にした教育へと変化を遂げた。

そのため、学校の価値に合わせることや、我慢や頑張ることは格好悪いことになった。努力や根性は見苦しく、「モーレツ」は過去の遺産になった。経済的に満たされ、「自己実現」「自立」が社会のテーマとなった。個々人が自分の幸せを探し、自分で価値と方向性を定めて進まねばならない時代になった。

つまり、学校の価値は相対的に低下した。学校の中では、昔の学級委員タイプ、「優等生」は仲間から受け容れられにくい。そこで、学校への適応には、周囲の子どもたちの眼差しが重要になった。学校で仲間からの受けがいいのは、発言力があり、明朗、闊達で、学級の世論をつくり上げることができる子どもである。妙に真面目でもなく、頑張っている姿を周囲に見せない。しかも、いざとなると、他に追従を許さない技能や学力がある。ソーシャル・スキルが豊かで、他者の眼差しに自分を合わせる器用さが、仲間集団の適応で大事になるのだ。要するに、仲間から見て、「格好よく」なければならない。

今、このような時代の中で、誰からも「よく」思われようとしたら大変である。場面、場面での顔を、器用に変えなければならない。家では真面目に学業や手伝いに勤しみ、先生の前では、明朗闊達に仲間をまとめ、学業も運動も頑張る姿を見せずに成果を挙げながら、仲間とは広くにこやかに接して、敵をつくらない。それは、まさに、スーパーマンである。そのような子どもは珍しい。

したがって、現代では、昔ながらの「優等生」の息切れ型は、それほど多くはない。しかし、他者の評価に合わせ、他人から「よい子」「よい人」と思われることを大事にする子どもは大勢いる。かつては、教師の評価、学校文化からの評価が重要だったが、現代では、仲間評価が学校生活の中では重要になり、一方で、相対的に各家庭が持つ価値観が大きな意味を持つようになる。そのため「学校の仲間からどう思われるか」「保護者からどう思われるか」の双方を気にする子どもが多くなるのである。

現代の「優等生」の芯の弱さ

では、「優等生」とは何か。「優等生」を、身近の大人の価値に追従し、その価値に合わせ、その価値に合うように振る舞い続けられることであるとしよう。このような社会状況の中でも、「優等生」であり続けるのなら、学校の持つ価値ではなく、家庭が持つ価値の影響が大きくなる。すなわち、保護者の価値に合わせて、子どもが頑張り続ける。これが、現代型の「優等生」タイプである。このタイプは、仲間受けはそれほどではない。ともかく、ただただ保護者にとっての「よい子」になろうとするのである。

また、現代では、かつての時代のように、地域の子どもの遊び関係の中で、社会性を学ぶ機会は少なくなっている。そのため、優等生に限らず、総じて対人関係を結ぶ力は弱い。かつての「優等生」は、家庭でも学校でも評価を受けていた。ときには煙たがられるようなことや、羨望や嫉妬を受けることがあっても、仲間から一目置かれ、一定の評価は受けた。

そのために、不登校のような挫折体験と出会っても、本当の意味で自分への自信を失ってしまうことは少ない。過去に仲間関係や複数の場でしっかりと支えてもらえた体験があるからである。そして、「本当の意味で自分は一人ではない」との感覚もある。孤独に悩む時期があっても、その孤独に向き合える。したがって、かつての「優等生の息切れ型」は芯が強く、「他者から評価を得るために生きてきた自分」に目を向け、孤独に自分探しをして、自分に見合った別の価値を追求し始めることができた。「そっと見守る」だけで、子どもは大変身を遂げられたのである。

現代の「優等生」のバーンアウトでは、そうはいかない。もちろん、現代の「優等生」がバーンアウトした事例でも、受容的に見守ることは基本になるが、それだけで子どもが立ち上がるのを期待するのは、危うい話である。

現代の「よい子」への対応方法

保護者の価値に合わせるにしても、現代の保護者が重視する価値はさまざまである。たとえば、

「お受験」などと言われ、学歴にこだわる保護者が一部にいる。また、サッカーや野球、お稽古事などで、子どもに夢を託す場合もある。あるいは、家族葛藤や家族に何らかの形でストレスが加わり、子どもが子どもとして家族の中にいられない場合もある。父親の会社の倒産などの経済的な危機や、夫婦関係に危機などがある家庭では、家族にかかるストレスは大きい。そのため、子どもが親を気遣い、保護者にとっての「よい子」になろうとすることもある。

[事例] 誰にでも優しく気遣いする子

私の関わった事例でこのようなものがあった。小学五年生の男の子である。彼には重度の重複障害を持った妹がいた。保護者の苦労、苦悩をずっと見てきたためだろうが、保護者の目から見ても、「妹思い」の本当によくできた兄であった。母親が疲れた表情でいると、肩を叩こうか、と声をかけてくる。妹の介護にも、よく気が回り、誰に対しても優しく、穏やかな気遣いの子であった。

不登校は、五年生になって間もなく始まった。学級に何人かの元気のよい、しかし、わがままな子が数名いた。その子たちの私語がうるさく、席が近くの彼は先生の話を聞き取れなかった。それがきっかけとなって、不登校が始まった。学級を静穏に保てない担任も、好きになれなかった。もともと友人が多い方ではなく、その後は、家庭に蟄居して、かいがいしく妹の世話を続けていた。

後で本人が母親に語ったことでは、仲間のわがままさに我慢がならなかったそうである。本人は、殴りつけたいような怒りを感じたのだと言う。それからふさぎこむようになって、学校に行く気がしなくなったのだそうである。

この事例では、保護者が何かの価値を押し付けたわけではない。子どもが、保護者が願うことを敏感に察し、「他者に優しく、自分を犠牲にして、人のために尽くす」価値を追いかけて、そのことに自分自身が潰されてしまったのである。わがまま放題に振る舞う級友の存在に怒りを感じてしまう自分に驚き、「優しくあらねばならない自分」が怒りを感じることが認め難かったのである。

この事例では、この子自身が「ダメだ」と感じていること、「努力をしていない」あるいは「たいしたことではない」と感じていることに注目し、それを積極的に評価することにした。学業に向かう気がしないことを、「それでよい。むしろ、その方がよい」「気持ちがふさぎこんでいるときには、勉強してはならない」とした。そして、「学校に復帰するまで、勉強はしないでよい」と伝えた。そして、「できるだけゆったり過ごし、自分が楽しめること、興味の持てることを探そう」と促した。一方で、妹の世話には「素晴らしいことだけど、学校に行っている時間は、妹の世話はしないようにしよう。その時間は、自分が心地よくいられる時間になるようにしよう」と伝えた。また、母親には、昼間の時間に、本人とだけの時間をつくり、本人がしたいことを一緒に何かするように促した。そして、機会があるごとに、本人を外出に誘うように勧めた。

いわゆる「よい子」の不登校では、自分がしたいこと、ある程度わがままに過ごせる時間と空間を保障する。そして、それまでその子どもが追いかけてきた価値を強めず、それ以外に価値を見いださせ、それを大事にする。上記の「勉強をしない」「妹の世話を必要以上にしない」とは、そのような意味を持つ。

一方、カウンセリング場面では、日常生活のさまざまな場面で感じる不協和や、不快な感情を大事にするのである。その感情を感じてよいこと、それを表現してよいことを保障し続ける。本人に「どう感じるか?」と尋ね、その子の表情から、その子が感じている感情を読み取る。そして、「嫌だって思うよね」などと本人の感情を類推し、言語化して、「それでよい」という雰囲気とともに、あたたかい口調で伝える。

現代の「優等生」のバーンアウトに関わるときには、実にさまざまな工夫が必要である。とくに、本人が「そんなことではダメだ」と思っている自己像に、思い切った肯定、是認を与える。これが一番重要な処方箋なのである。その処方箋は、本人が大事にしてきた価値を拭い去る作業なので、子どもによって強調される価値は異なる。以上のように、現代の「優等生」のバーンアウトでは、単にそっと見守るだけではなく、積極的に関わる必要があるのである。

第5章　登校せずに街で遊びあるいている

離脱志向と非行・遊び型の不登校

「不登校に関する実態調査」（現代教育研究会、二〇〇一）の結果に、中学三年の不登校時点での行動や意識状態について質問した項目がある。これは二十の質問項目からなるが、項目間の関連性に関する分析（主成分分析）から、五つの関連項目群（因子）にまとめられた。ここで注目したいのは、このうちの一つの項目群（II離脱志向）である。（図3、次頁）

この項目群には、「夜遊びをする」「学校の友人とつきあう」「家から外出する」「学外の友人とつきあう」が含まれる。これを見てわかるように、この項目群には、社会の価値規範や学校価値から逃れる動きも含まれる。その意味で、従来の「怠学」概念に近い行動や意識状態といえそう

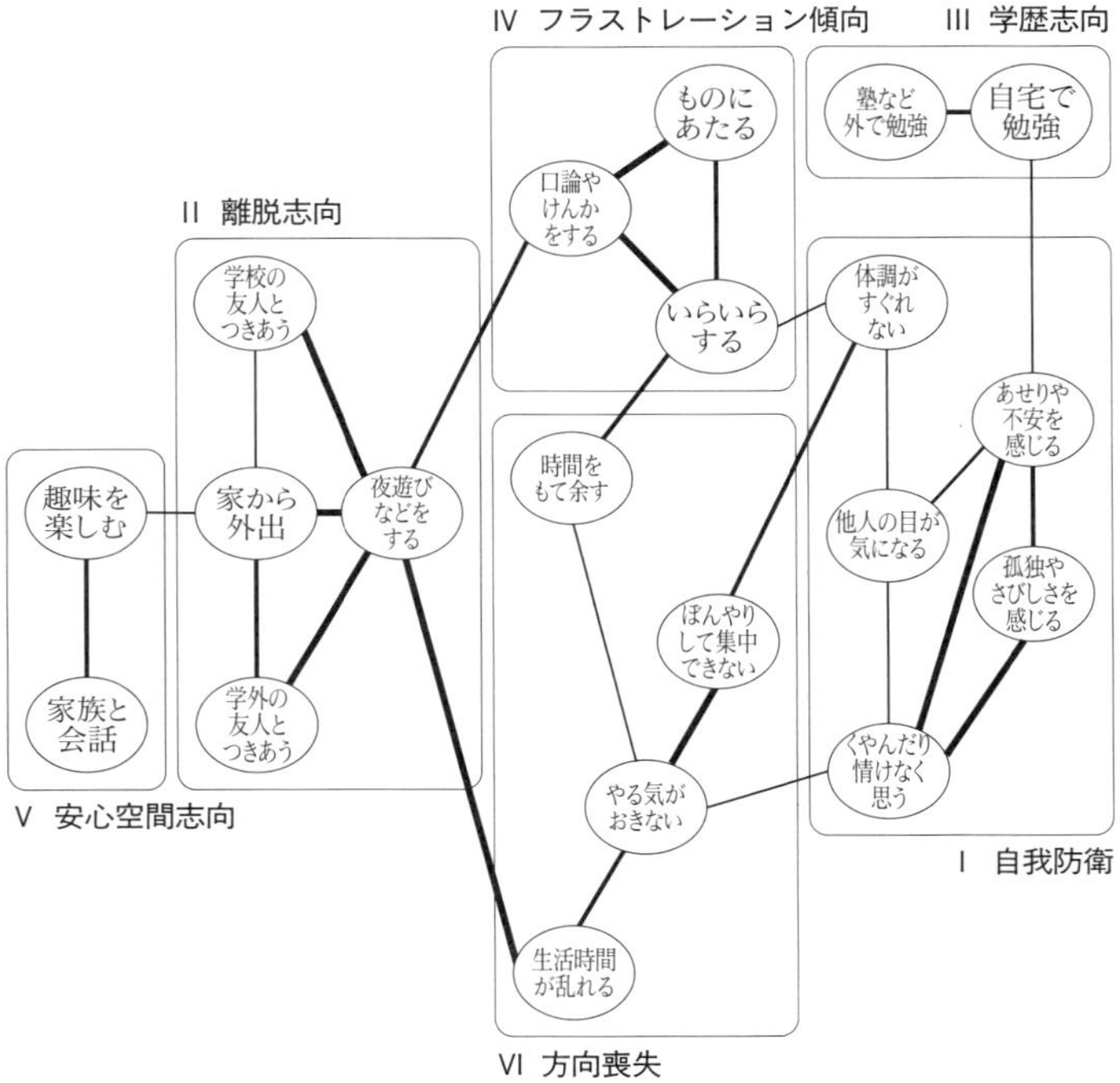

図3　「不登校時の様子」に関する項目間の布置関連図

（現代教育研究会，2001）

である。

では、この項目群と、「不登校の態様分類」との関連を見ることにしよう。この予後調査では、「不登校の態様区分」を不登校体験者に示し、体験者自身に分類してもらった。それらの各タイプとは、「学校生活の問題」「非行・遊び」「無気力」「情緒的混乱」「自ら好んで」「複数の理由」「その他」である。

さて、不登校時の「不登校の態様」と「行動や意識状態」との関連を見ると、「非行・遊び」「自ら好んで」の両タイプが、この項目群と密接な関連を持っていた。そして、不登校の態様区分と調査の別項目の「学校を休んでいた時の気持ち」との関連を見ると、「非行・遊び」「自ら好んで」の両タイプは、当時の登校をめぐる気持ちについて、「心理的負担がなかった」とした割合は多かった。それぞれ七三％、五三％を占めていた。このように、「非行・遊び」「自ら好んで」の両タイプは、怠学とも呼べるものと考えられるのである。

居場所づくりと離脱志向

このように、「非行・遊び」「自ら好んで」の両タイプは、怠学に近いし、怠学そのものも含まれると言ってもよい。しかし、この両タイプを細かく見ると、従来の「怠学」のイメージとは異なった姿が浮かび上がる。たとえば、「自ら好んで」という表現は、「怠惰にさぼる」イメージが持たれそうだが、実情は違うのである。彼らは、さまざまな面で「積極性」が強い。

たとえば、「声優を目指して専門学校に通っていたので、学校に行く気がしなかった」という目的を定めていた者もいる。また、「働きたかったので、時間がもったいなかった」と言う者、「もともと学校を重視していなかった」と、不登校であることを確信していた者もいる。

そこで、研究者グループは、「夜遊びをする」「家から外出する」「学校外の友人とつきあう」などを含む項目群を「離脱志向」と呼ぶことにした。研究者グループには、この項目群は、学校や家庭生活から離れ、学校とは別の人間関係の中で楽しみを求め、欲求を充足させようとする意識を反映する行動と思われたからである。「離脱」は社会現象学の用語だが、それが意味することは、学校や家庭などの日常の場に「居場所」を感じられず、それゆえに日常生活の重さから逃れ、「自分探し」や別の「居場所」を求める動きのことである。言わば、「生きる意味探し」とも言えるものである。

章タイトルの「登校せずに街で遊びあるいている」子どもから連想されるのは、規範から逃れ、反抗的で、将来について考えず、その日を遊興的に過ごしている姿である。その姿にばかり目がいくと、保護者や教師は、社会的なルールから外れた行動を制止することに必死になる。確かに、これらの子どもたちは、調査結果が示すように、不登校を深刻に受け止める子は少ない。登校への動機が低く、不登校であることに心理的な負担が少ない。そのため、周囲は叱責や常識的な説諭を繰り返す。

しかし、「登校せずに街で遊びあるいている」姿を、「離脱」と考えるとどうなるだろうか。つまり、日常の場に「居場所」を感じられず、それゆえに日常生活の重さから逃れ、「自分探し」や別の「居場所」を求める動きと考えると、別の関わり方が見えてくるのではないだろうか。そのように思われた中学生女子の事例を紹介しよう。

【事例】家庭内暴力と非行の見られた女子中学生

A子は、繊細でおとなしく成績が優秀な子どもだった。しかし、小学五年のときの担任は、成績の悪い子に厳しい先生だった。成績がよかったA子は、担任に怯えながらも、直接の叱責がないことで、かろうじて登校していた。

そんなある日、皆の前で点数を告げられて、「普段の成績よりも低い点ね」と皮肉めいた口調でテストを返却されることが起こった。これが不登校のきっかけとなった。その後一年以上、A子は、登校させようとした母親とぶつかり続けた。しかし、不登校が継続し、そのまま小学校は卒業となった。

中学に入り、A子は登校を始めた。しかし、ほどなく、級友からいじめられることになった。この級友からいじめられたA子を助けたのは、その学校の非行グループの少女たちだった。味方の非行グループの後ろ盾を得て、彼女はしだいに非行の世界に入り込んでいった。髪をさまざまな色に染め上げ、夜遅くまで非行少年たちと遊ぶようになっていった。

「そんな格好では、教室に入れることはできない」という校長に対して、校長室で数時間「ふざけるな、ばかやろー」と喧嘩腰で、叫び続けたのだという。

筆者が関わり出したのは、家庭内暴力と非行グループとの関わりが最盛期になった中学二年生からであった。筆者には、この子の各種の問題行動は、「自分を責めるな」「攻撃するな」という臆病さゆえの怯えに見えた。その怯えから、ハリネズミのように攻撃をしていたように思われたのである。そして、母親や仲間に安心感を求める気持ちが、母親に対する家庭内暴力と、深夜に及ぶ遊興街の徘徊となって表れていると受け取られた。

このころ、家庭では、遊ぶための金銭をせびることが増えた。それを拒否する母親に対する家庭内暴力も頻発していた。母親が包丁を向けられることもあった。髪をつかまれて、母親が部屋中を引きずり回されることなども起きていた。

母親との関係の回復には、一年半ほどかかった。仲間との関わりを抑えず、カウンセリング場面では、母親との関係の回復の一点に焦点を絞った。目指したのは、母親にとっても、子どもにとっても、家庭を安心のできる場所にすることだった。子どもの怒りの問題を、母親に「恐いから怒る」「自信がないから怒鳴る」と理解させた。そして、「本当は恐いんだ。恐がっていてもいいんだよ」「本当は自信がないんだ。自信がなくてもいいんだよ」「だから、家の中でゆったりとすればいい」というメッセージを、母親を媒介としながら、さまざまな形で与え続けた。

途中で、警察のお世話を受ける事件を起こしながらも、一年ほど経過すると、家庭内暴力が終息し、それとともに非行グループから離れた。この時点から、高校への通常の登校までは、さらに一年余の時間が必要だった。街を出歩き、家庭内暴力を繰り返していたころを振り返り、母親は「当時は地獄の中にいました」としみじみと語り、終結となった。A子の場合、「本当に安心のできる居場所」「安心のできる人間関係」を求めて街へ出歩いていたのである。

自分探しにおける離脱の意味

A子の事例は、「不登校の態様区分」でいえば、「学校生活の問題」から「非行・遊び」へと移行していったものである。このように、一人の子どもの中でも、不登校の状態からの回復過程で「離脱」とも思われる行動を示す子どもも少なくない。次のような事例もあった。

【事例】友だちを求めたB子の危うい行動

小学校から登校しぶりの見られたB子だった。中学一年のときに教室に入ることができなくなり、別室登校を続けていたが、ほどなく本格的な不登校の状態になった。

この時点で、彼女はいくつかの神経症状を示した。不潔恐怖とも思われる手洗いと、頻繁な鍵の確認があったほかに、精神症状と思われる症状も見られていた。B子は、カウンセリング場面で、家族の中で大事にされてこなかったこと、学校生活をはじめ、集団場面で不適応感をずっと抱いてきたことなどを語った。

中学二年になると、本格的な不登校となった。彼女は街に出るようになった。年上の男性との交際が繰り返され、遊興街で深夜までうろつくようになった。B子自身は「友だち一〇〇人計画」と述べていたが、少年非行のレベルで言えば、ぐ犯と呼べることをさまざまに繰り返した。一緒に動く仲間関係は数名に限られていたが、B子の付き合う男性の中には、その話から犯罪と関連のありそうな人物や、住所不定の人物などがいて、いつ事件に巻き込まれてもおかしくない状況だった。

B子の場合、B子自身のカウンセリングが中断しなかったことが、何よりもの救いだった。彼女の危うい行動に、カウンセラーは、その危うさを心配し、彼女の身を案じていることを伝えた。それとともに、危機場面では、その対処の仕方を一緒に考えた。B子は自分の冒険について、毎回包み隠さず話し、自分の行動について、面接の中で振り返った。

B子は危うい行動を繰り返しながら、中学三年になると、年上の男性たちとは別れ、同年齢の非行がかった男子とときどき遊ぶ程度に落ち着いていった。中学三年の二学期になると、仕事をしたいと熱望するようになり、中学卒業後には、すぐに就職をするのだと述べながら、自宅でゆったりと過ごすようになった。

中学は卒業式にも出席しなかったが、その日、相談室には「卒業」の報告に訪れた。最終回の面接で、彼女はこのように語った。

「ここで始まって、ここで終わるんですよね。本当の卒業だなあと思う」

そして、街に出歩いていたころを振り返り、「猛烈なスピードで一気に走り抜けたような感じ」であったと述べた。自分でブレーキをかけて、それを止めたが、当時はそれを止めることはできなかったと思うと言う。ありとあらゆることを体験した感じで、「もっとじっくり味わいたかった」と思うほどだった。中学三年になり、同学年の子どもは物足りなくなり、学校はずっと以前に見切ってしまった。今は自分のなりたいものが見えてきたので、「もう大丈夫」とのことだった。

居場所をつくること

B子の事例は、「不登校の態様区分」でいえば、「情緒的混乱」から「非行・遊び」、そして「自ら好んで」のタイプへと移行していったものである。B子は、「離脱志向」の持つ自分探しの旅が持つ意味を、面接の最終回で見事に語ってくれたのである。

この場合、考えたいのは、これらの子どもたちが登校していたときに、学校に惹きつけられたものはあったのか、という点である。自分を受け入れ、認めてくれる人や場が学校にあれば、この二つの事例は学校内に留まることもできたのかもしれない。しかし、非行少女そのものの格好で訪れ、喧嘩腰のA子や、深夜出歩くB子を、学校が受け入れる余地はなかった。

一方、二つの事例への対応に共通する筆者の関わりは、どのようなことだったろうか。A子の場合では、家庭が、彼女の安心できる居場所となるよう、その機能を強めた。B子の場合では、相談室でのカウンセリングが、彼女が行う離脱を振り返り、それを調節する場所となった。このように、離脱している子どもに対しては、その離脱そのものを押し留めるのではなく、その子どもが留まれる場所、戻れる場所を確保することである。そして、その場でしっかりと保護し、そこで保護されていることを味わってもらうのである。

このことは、小学校の事例でも同様である。むしろ、小学生の場合では、より保護機能が弱い家庭の子どもが、「街に出歩く」などの問題を示しやすい。家庭の保護機能が弱い場合ほど、家庭よりも、学校よりも、街の方が魅力的になる。家庭や学校が居場所になりえていないことが問題なのである。したがって、その行動を規制し、叱責し続けるだけでは、問題の質が変化するだけで、離脱の振り幅が大きくなる。その結果、かえって問題は悪化しやすい。

もちろん、問題行動を抑制するなということではない。本心から心配していることを伝え、一定以上の枠を外れないように伝え続ける。当然、さまざまな関わりは、なされた方がよく、関係が切断されない限りは、厳しい指導があってもよい。

しかし、問題行動を目の敵とし、それをなくすように努力する限りは、A子の母親とA子の関係の中で生じたような関係の悪化が生じる。結局は、そのように関わる人は、その子どもにとっての心の居場所にはなりえない。基本は、拒絶せず、諦めず、信じるのである。間違った行動を諫めるとしても、本人を否定しない。これが、「離脱」しようとする子どもを支える原則である。

神経症的登校拒否の子どもでも、「家出をしてやる」と荷物をまとめるようなことがある。あるいは、「髪を染める」ことで、「登校しない」と意思表示をすることもある。家出の場合では、荷物が持ち上がらず、母親に助けを求めた子どもがいる。髪を染めた場合では、髪染めスプレーを保護者に買いに行かせることもある。その子どもの行動が持つ意味を理解し、表面に目を奪われないこと、この余裕が大人側にあるかどうかが、その後を決定するように思うのである。

コラム2

適応指導教室は、近年、「教育支援センター」と呼ばれるようになった。よいことである。本来の心理学の専門用語では違うのだが、一般に「適応」と聞くと、環境に人を合わせることを連想しがちになる。つまり、「適応指導教室」という名称だと、学校に人を合わせていく機関だと思われやすい。そのためか、「適応指導教室」は、学校復帰のための機関というイメージが抜け切れなかった。

しかし、教育支援センターの設置目的は、「集団生活への適応、情緒の安定、基礎学力の補充、基本的生活習慣の改善などのために、相談・適応指導を行う」ことで、「学校復帰を支援」し、「社会的自立に資する」ことを目指すことにある（一五文科初第二五五号、「不登校への対応の在り方について（通知）」二〇〇三）。学校復帰支援も目的の一つだが、その延長線上は、あくまでも社会的自立である。そもそも社会的な自立を目指すのが公教育であり、教育支援センターは公教育の一環と考えた方がよいのではないだろうか。

教育支援センター（適応指導教室）の存亡の危機

筆者は、五年間ほど、ある適応指導教室に関わったことがある。このとき、「不登校の期間でしかできない教育をしよう」と考えて、教室関係者と環境を整えていった。たとえば、養護学校と協力して、適応指導教室の子どもたちが養護学校に出かけて、数か月間かけて養護学校の秋祭りの準備を手伝ったのである。

また、ある年度では、学級にパソコンを五台導入して、学習支援ソフトを豪勢に購入してもらうこともした。一部の子どもがコンピュータで学習を始めると、それまで、勉強に目が向かなかった子どもたちも学習に取り組み始めた。教室全体に勉強する空気ができた。その年度の後半になると、子どもたちは勉強に夢中になり、実力をつけていった。その翌年度、二十名を超えていた不登校の子は、三名を残して学校に帰ってしまった。四月、がらんとなった教室を眺め、指導員は「教室存亡の危機です」と、嬉しい悲鳴を上げていた。

第2部

段階別・援助の実際

第6章　不登校と行動カウンセリング

行動カウンセリングとは

「行動カウンセリング」と聞いて、どのようなカウンセリングをイメージするだろうか。行動カウンセリングというだけに、動き回るようなカウンセリングをイメージするかも知れない。たとえば、「作業療法」は作業を通して、「遊戯療法」は、遊びを通して心理治療を行う。行動カウンセリングも、「行動」を通してカウンセリングをするように想像されがちである。また、その名称から、「行動上の問題を扱う」と思われるかも知れない。しかし、行動カウンセリングは、行動を通して治療するものではない。行動の問題だけを扱うものでもない。

実は、行動カウンセリングとは、心理学の中で、科学的な法則性が認められた人間の「行動」

に関わる最新の原理や法則を、カウンセリングの場で応用するものである。

　ここで、さらに「行動」という言葉について説明しておこう。というのも、行動カウンセリングで使用する「行動」は、日常生活で使う行動の意味とは異なるからである。行動カウンセリングの「行動」の意味は広い。動作に加え、不安や緊張などの情緒的、感情的な反応や、考えやイメージなどの思考も含まれる。つまり、行動カウンセリングで扱う問題は、不安や恐怖や怒りなどの感情の問題であり、そして、物事への考え方や、イメージの問題や集団全体の振る舞いも守備範囲である。

　このように、行動カウンセリングとは、科学的な視点から導き出された法則を基に、広範囲にわたって、人間の心理的な問題に応用するカウンセリング技法のことである。そして、行動カウンセリングでは、「行動」に関わる理論の中でも、「行動」の獲得のメカニズムや変化のメカニズムを大切にする。この獲得や変化のことを、行動カウンセリングや心理学の世界では「学習」と呼ぶ。その変化のメカニズムに関する理論を、「学習理論」と呼ぶ。この「学習」も、日常生活の言葉よりも概念が広く、感情や考え、イメージ、動作なども、学習により変化すると考えられている。

　このように、行動カウンセリングでは、学習理論に則って、科学的に実証された原理や法則を、広範囲の心理的な問題の改善に応用しようと考えるのである。

行動カウンセリングの理論による不登校の理解

これまで述べてきたように、不登校の問題とは、子どもと学校環境が合わない問題である。学校側から言えば、子どもが学校に合わない問題だが、子ども側から言えば、学校が子どもに合わない問題である。そして、不登校がなぜ起きるのかと言えば、学校環境に嫌なことがあるからである。「学校に行きたくない」という怠学でも、「学校に行けない」という神経症的な症状を併せ持つ不登校でも、「学校が嫌だ」と感じることは共通している。以上が不登校の形成メカニズムだと、行動カウンセリングでは考えている。

ところが、不登校の問題では、不登校になった結果、新しく不登校を維持・悪化させる要因が生じる。不登校になった結果、新しく不登校を本格化していくメカニズムが生まれる。不登校の「きっかけ」に働きかけるのは、不登校の初期段階では意味を持つが、本格化した段階では、効果的ではない場合も多い。学級や学校を替えても不登校が継続する場合もよくある。この場合、不登校を悪化・継続させる要因が新しく発生していると考えなければ、説明がつかない。それでは、不登校の問題は、どのように維持され、悪化していくのだろうか。この不登校の維持・悪化のメカニズムについて、行動カウンセリングの理論に基づいて、基本的な流れを述べておこう。

不登校問題が、維持され、悪化していくのは、不安や恐怖、緊張などの感情面と、生活空間が狭まることなどの行動面、そして、「自分はダメだ」と思うことなどの思考面の、三つの側面で、問題を悪化させ、維持させることが同時に起きるからである。また、この三側面が、互いに悪影響を及ぼしあい、不登校の問題を悪化させ、維持させる悪循環の構造が生まれる。そこで、本格化した不登校問題では、さまざまな技法を複合的、輻輳的に用いて、問題解決を図る必要がある。

不登校のタイプによって、強調点には違いはあるが、感情面、行動面、思考面の三側面に分け、不登校問題が悪化するメカニズムについて語っておきたい。以下、この三側面にわたって述べるが、これは、一人の子どもの中で同時に起き、互いに影響を及ぼしあっていることなのである。

不登校問題と関連する感情面での学習メカニズム

不登校になると、その結果、学校場面への不快感が増す。不快感が増せば、ますます学校に行くのが嫌になる。このような感情の変化は、進化論的に言えば、「古い脳」が深く関連している。後で触れる行動や思考は、主に「新しい脳」、すなわち大脳新皮質と関連する。「古い脳」が関連しているので、感情は、変化のメカニズムも、行動や思考とは異なった性質を持っている。「感情は理屈ではない」とか、「感情に圧倒されると、思い通りに動けない」などと言われる。これらも、感情が、行動や思考とメカニズムが異なるためなのである。

とはいえ、感情は、行動や思考と無関係ではない。実際、脳の中では、最も長い神経細胞が、脳の感情を司る部位と大脳新皮質とを結んでいる。そのために、振る舞いや考え方を変えることでも、「気分が変わる」こともある。反対に、気分が変われば、振る舞いや考え方が変わることもある。

さて、何かの対象に対しての好みや、不安などの学習、つまりは快、不快が変化するときの基本的なメカニズムは次の通りである。一つは、「ある対象や場面と出会ったときに、どのような感情を抱いていたのかによって、その対象に抱く感情が定まりやすい」ことがある。また、「ある対象や場面と、ある特定の感情の結び付きは、その対象や場面と一緒に、その特定の感情を味わった回数が多い場合ほど、その結び付きは強くなる」というメカニズムもある。これが、感情の学習のメカニズムである。

このように書くと何のことかわかりにくいが、対象を「異性」として、感情を「楽しさ」であるとすると、最初に述べたことは、「楽しく心地よい場面で異性と会うと、その異性と会うのが楽しみになる」となる。そして、「異性と楽しい場面で会うことを繰り返すほど、その異性と会う楽しみが増す」というのが、第二に述べたことである。これは、デートを重ねると、なぜ仲よくなるのかという説明である。理屈を知らなくても、このメカニズムの応用に詳しい人は、世界中に大勢いるだろう。

さて、不登校の感情にまつわる問題を、このメカニズムで理解すると、学校で不快な体験を重ねると、学校場面全般を不快に感じるようになると理解できる。そして、不快な体験を重ねると、学校への不快感がさらに強まっていくことも理解できるはずである。

一方、このメカニズムは、不登校の問題で、不安や恐れなどの不快感を和らげる方法に応用できる。つまり、不快に感じていた場面で、不快感を味わわない体験を重ねれば、学校場面への不快感は減少していくはずである。もっと積極的に言えば、不快に感じていた場面で、不安とは逆の感情、つまり、安心や、心地よさ、あるいは楽しさを感じることができ、その体験が積み重ねられれば、学校場面での不快感は消えていくのである。

行動カウンセリングでは、積極的に安心感を与える各種の手法がある。筆者が安心を与える方法として、最近よく用いるのは、低年齢では、動作法の一種の「とけあい技法」、ＥＭＤＲの手法として開発されたＲＤＩによる脱感作法、その応用のイメージ脱感作などである。また、年齢が上の場合には、筋肉を直接弛緩させる筋弛緩法や自律訓練法なども用いることがある。本書は行動カウンセリングの専門書ではないので詳説しないが、このようなさまざまなオプションを持っているのが、行動カウンセリングなのである。

不登校問題と関連する行動面での学習メカニズム

さて、行動、つまり振る舞いの学習メカニズムは、単純に言えば、褒めれば、また行動したくなり、叱れば、行動したくなくなるというものである。正確に言うと、行動した結果、あるいはある行動をしなかった結果、得られたものや失ったものの快適さや不快感によって、その後の行動を選択する確率に変化が起きるということである。

不登校の問題で言えば、学校に行くのを止めた結果、登校しなくてよかったという安心感や安堵感が生じる。その安心感や安堵感が、その次に登校するのを抑えるように働く。そのために、不登校が続くと、ますます登校しにくくなるのである。この話は一見すると怠学の話のようだが、そうではない。辛い目に遭えば遭うほど、不登校を選択した結果起きる安堵感は強烈なものになる。そのために、辛い事態に遭うことを予測し、不安に感じている場合ほど、この学習メカニズムは強烈に働く。

簡単に言えば、「君子危うきに近寄らず」ということである。煮えたぎるヤカンで熱い目に遭っても、懲りずにヤカンに手を出すようでは、人間、否、動物としては、生存そのものを危うくしかねない。動物として生き残るためには、辛いことを予測しそれを避けることは、必要不可欠な能力である。

この困難を越えていくためには、久しぶりに登校を目指して、学校に近づいたり、家庭から外出したりしたときに、辛い環境に近づく勇気を認め、その大変さを乗り越えようとすることが評価されねばならない。また、登校や外出への努力を、「苦労した甲斐があった」体験として味わうことが重要になるのである。

不登校問題と関連する思考面での学習メカニズム

さて、思考面で注意したいのは、不登校が続くようになると、感情面でも行動面でも問題が悪化し始めることである。長期にわたる不登校で一番悪さをするのは、この思考面が悪化することによるのである。不登校が続くと、これまで述べてきたように、学校への不快感、つまり不安や恐れ、嫌悪感は増す。また、学校への行きにくさも強くなっていく。

しかし、思考面では、「不登校をしているのはまずい」との意識がある。「学校に行かなければ」と思えば思うほど、なおさら、学校に行くことができない自分や、学校への嫌な感じが強まっていく。その自分を許し難く感じるのである。これは、思考面で自分の願うことが、振る舞いや感情の現実に負け続けることを意味する。とくに、不登校が本格化したての段階では、連日、学校に行くか行かないかについて、博打を打って負け続けているようなものである。繰り返し思い通りにならないことが続くと、人は憂うつになり、無気力になっていく。これを学習性無力感(learned helplessness)と呼ぶ。

不登校の子どもで無気力を示す子どもが少なくないが、自分の願い通りに振る舞えない体験が重なると、「自分はダメだ」という考えが生まれ、強められるからなのである。そのことで、自己概念は悪くなっていく。同時に、この体験は、子どもの気力を萎えさせ、憂うつにしていく。そして、不登校が長期にわたると、同年齢の仲間から置き去りにされる感覚が強くなる。自分の将来への見通しも失いがちになる。そのために、ますます無気力傾向が強まっていく。このことが、長期にわたる引きこもりに繋がっていくのである。

自己概念とコーピング・スキルの向上

不登校が本格化した段階では、登校を促すことはひとまず手控える。そして、感情面で述べた安心感を与えるケアに力を注ぐ。同時に、子どもの自己概念を悪化させないことと、ストレスに対応していく力、つまり、コーピング・スキルを培うことを大切にする。

子どもの自己概念を悪化させないためには、不登校を責めないことが基本である。そのために、周囲の者は、不登校を「問題」としない。その代わりに、学校を休んでいる期間を「本人に必要なことを学ぶ絶好の機会」と意味づける。本人の少し先の将来を考えながら、コーピング・スキルを向上させていく。このコーピング・スキルのうち、ソーシャル・スキルと、セルフ・コントロールが、学齢期のうちに子どもに身につけさせたい大きな力であると筆者は考えている。これについては、第10章、第11章に詳しい。

ソーシャル・スキルを培う上でも、セルフ・コントロールを培う上でも、生活空間を狭めず、人との関係は広く持った方がよい。これを強調しているのは第9章だが、とくに、児童期はソーシャル・スキルが急速に向上する時期なので、生活空間を広げ、同世代と一緒に遊ぶ機会を設けるなどの工夫が必要になる。児童期には適応的でいたものの、思春期に入った年齢段階で不登校になった場合は、年齢段階の近い大学生などが家庭教師の形で一緒の時間を過ごす機会を設けることも意味がある。思春期以降は親密な人間関係を築く時期に当たるからである。家庭教師に限らず、補習塾やサポート校に行くことができるのならば、学習の保障という意味でも、セルフ・コントロールの力を培う上でも、そうするに越したことはないのである。

そして、タイミングを見て、子どもの学校への復帰や社会に出て行くのを手伝うわけだが、その成否を分けるのは、不登校の期間にどれだけコーピング・スキルが培われていたかによると、筆者は考えている。

行動療法の可能性

さて、大雑把な紹介ではあるが、不登校問題で行動カウンセリングをどのように活かすのかについて述べてきた。行動カウンセリングでは、人間の不適応、問題行動、あるいは神経症と言われるものも学習の結果生じたと考える。つまり、「間違って学んだ」ものか、「適切な行動を学び損なった」と捉えるのである。間違って覚えたものであるのなら、「修正すればよい」し、学び損なったのなら、「新しく学べばよい」と発想する。

生活に支障が起きるほどの緊張や不安、攻撃などの怒りも、それは間違って覚えたものか、覚え損なったものである。それは修正できる。何か足りないものがあれば、その時点で新しく学んでもらえばよい。人づき合いの問題も、人とのつき合い方の巧拙の問題と考える。そこで、人づき合いの仕方を洗練していけるように援助すればよいと発想する。ついつい悲観的に考えることも、そのような考え方が癖になってしまっただけと考える、そこで、より幸福に考える癖が持てるように手伝えばよいと思うのである。

このように、行動カウンセリングの考え方はシンプルで、現実的である。学ぶことを重視するので、発達途上の子どもが示す教育問題でも、応用しやすい。それだけではなく、最初に述べたように、行動カウンセリングは科学的な理論、法則を下敷きにしている。それだけに、的確に活用さえすれば、劇的な効果を生むのも当然の話なのである。

コラム3

コーピング・スキル（coping skills）

「コーピング・スキル」を邦訳すると、「対処する技術」「対応する技術」という意味になる。何に対処するのかと言えば、「ストレス」である。ストレスでは、ストレスの源、原因となるものがあるが、これをストレッサーと呼ぶ。また、ストレスがかかった結果、心身に起きてくるさまざまな不調がある。これをストレス反応と呼ぶ。ストレス反応には、不安や緊張などの不安反応、無気力や憂うつなどの無気力反応、いらいらや怒りなどの攻撃反応、そして、頭痛、腹痛などの身体反応などがある。ストレッサーは目に見え難いものなので、それがあるかどうかは、ストレス反応があるかどうかで判断した方がよい。

さて、「ストレスに対応する」と聞くと、多くの人は、「ストレス発散」を想像するだろう。余暇を活用した元気回復である。子どもの場合も、まさに「遊び」がこれに当たる。だが、ストレス発散系のコーピング・スキルだけが、ストレス反応を緩和するわけではない。ストレッサーそのものが特定できれば、それに直接働きかけてもよいのである。これは、問題解決系のコーピング・スキルである。

たとえば、職場での人間関係が不調になったときに、自分の気の合う仲間とわっと騒ぐ。これは、ストレス発散系のコーピング・スキルである。これに対して、関係の悪くなった相手に謝罪するなどして、関係の修復に努める場合もあるだろう。これが問題解決系のものである。どちらがより高度ということはない。大事なことは、バリエーションをさまざまに持ち、適宜、使い分けられることである。

子どもが学校での適応の上で必要なコーピング・スキルは、大きく二種類ある。一つは人づき合いをしていく力で、ソーシャル・スキルである。もう一つは、課題に取り組んでいく力で、これがセルフ・コントロールである。この両者のコーピング・スキルを育むこと、筆者は、不登校の予防でも解決でも、これを一番大切にしたいこととして考えている。

第7章 初期 不登校の初期段階と別室登校

不登校の形成要因と不登校の初期段階

不登校の初期段階とは、不登校の形成要因の影響が強く見られる段階である。そして、初期段階では、不登校の状態を維持・悪化させる要因が、明確には動き出していない。初期段階を過ぎると、その引き金となった形成要因は、問題の背景に退く。不登校が本格化した段階で、新しく問題の維持・悪化要因が発生する。そのために、初期の段階と、事態は大きく変化する。火事にたとえれば、火種が火元を中心に燃え上がっている段階が初期段階である。本格的な火災となれば、火元や火事の原因は、消火活動とは関係がなくなる。それと同じである。

およその目安を言えば、完全に不登校となっても、登校するか否かを葛藤し、「明日は学校に行くから」などと登校への意欲がある段階は、まだ初期段階である。また、断続的な登校をしている段階や、登校して別室に留まっている段階も初期段階である。この初期段階でのレベルと、不登校が一定期間継続し、表面上、登校意欲を失ってしまったかに見える中期の段階では、レベルがまったく違っている。

別室登校の二つのタイプ

ところで、保健室や校長室など、別室に登校している子どもは少なくない。別室登校は、不登校の初期段階と最終段階の二つの段階で起きる。不登校の初期段階では、教室に留まれず、別室に後退した場合である。これに対して、不登校の回復過程では、不登校の段階から別室まで復帰して、教室に戻るタイミングを探す段階である。両者への関わりは、基本的に大きく異なるわけではないが、置かれている状況や心情はずいぶんと異なる。

不登校の時期を経て、再登校にチャレンジするプロセスでは、別室登校は不登校の状態からの脱出、本格的な登校を準備する足場の意味を持つ。子どもたちは、教室に入ることへの不安と期待を持って、別室に到着する。すでに不登校を体験した後なので、登校への過剰なこだわりや不登校になることへの恐れはない。回復途中の子どもの心にあるのは、不登校から脱却する意欲と、学級に再適応していく不安とのせめぎ合いである。その均衡が、別室という場に留まらせる。先に進む勇気と不安や恐れ、これが、再登校途中の子どもの基本的な感情である。

一方、不登校の初期に別室登校をしている場合は、学校から撤退する途中で、かろうじて別室に踏み留まった状態である。本格的な不登校を体験したわけではないので、不登校の状態に陥ることへの怖さと、登校することへの執着は強い。一方で、学級の中にいることへの苦痛は強い。「学校にいなくてはいけない」という思いがあり、思い切って退くことも怖い。しかし、教室にいることは、最近まで教室で味わった苦痛が思い返される。回復過程での別室利用者が抱く不安が漠然としているのに対し、初期段階の別室登校者には、恐怖に近い身体的な不快感がある。まさに、「進むも地獄、退くも地獄」である。このように、上記の二種類の別室登校では、抱える事情が違うので、強調される対応策にも違いが生じる。

別室登校で重視される必要があること

初期段階での別室登校は、学級内の不快なことから逃れる緊急避難的な退却である。そこで、不快に感じるものを特定し、それを取り除くことが、この段階では意味を持つ。その子どもがどのような人や場を不快に感じているのかを見極める。どのような人間を避け、どのような活動を避けているのか、反対に、どのような人間ならば大丈夫で、どのような活動に乗りやすいのかも見る。その上で、その子どもが不快に感じることを取り除く。

もちろん、他の子どもにとっては不快に感じないことであっても、子ども自身が、何らかの原因で学校環境を苦痛に感じている場合がある。たとえば、家庭内の不和や、生活が不規則であることなど、家庭側の要因で、学校で元気に振る舞えないこともある。このようなときには、エネルギッシュな学級集団の中にいることだけでも苦痛になる。

そのような場合、学級側の魅力を増すこと、つまり、本人が学級内に思わず入りたくなるような魅力を増すことを考える。

子どもが感じる学級内の魅力とは、大きく分けて二種類ある。一つは、安心して教室にいられるという、安全感である。落ち着いて、リラックスして、仲間や教師から受け容れられた感覚を持って、教室の中にいられる環境が確保されていることである。もう一つは、その学級集団の中でのさまざまな活動が、その子どもに心地よく感じられるものであるのか、ということである。学級の魅力というと、後者にばかり目が行きがちである。だが、子どもたちが学級の中でゆったりとしていられること、元気がなくても穏やかにいられる瞬間や場に、教師はもう少し敏感であってもよいかもしれない。

別室登校を甘えていると見る視点

初期段階でも、回復過程でも、別室登校では、教室に戻るまでに時間のかかることが多い。別室から教室までの心理的な距離は、自宅から学校まで以上に遠いことも少なくない。大人の目から見れば、「こんなに近くなのに、どうして先に進めないのか」と考える。たとえば、次のような場合である。

［事例］別室登校を認めない担任

ある養護教諭から受けたコンサルテーションの事例である。小学四年のC子は、両親が離婚し、母子家庭となってから登校しぶりが始まった。一時期は二週間ほど、完全に不登校になった。養護教諭が家庭訪問して関係をつくり、校長の同意を得て、「ひとまず保健室で個別指導をしてでも」と説得して、学校まで連れてきた。

しかし、登校初日に、養護教諭とその子どもの約束は、担任によって反故にされてしまった。「たまっている課題があるから」と担任が教室に連れて行き、机をすみに移して、課題を行わせた。一か月近く、授業には出ていないC子である。課題の意味すらわかるはずもない。C子は「気分が悪い」と保健室に逃げ帰ってしまった。それ以来、ますます教室を怖がり、担任を避けるようになった。

にもかかわらず、担任は、「保健室の居心地がよくなるといけないので、手をかけないように」と養護教諭に言うのである。養護教諭は「大変困っています」と言う。

この事例の担任の無神経さは論外である。この対応が、その後の別室登校の状態を長引かせ、回復を大幅に遅らせたのは言うまでもない。担任の「保健室の居心地がよくなるといけない」という言葉は、教室の方が保健室よりも居心地が悪いことを認めた発言ということになる。そして、子どもが居心地よくしていることは、教育環境上よくないとの教育観も露呈している。そのことへの気づきも羞恥心もない。

この担任は、「心地よく扱われると人は怠け者になる」と本心から思っているのかもしれない。もしも自分の体調が悪いときに、信頼できる友人や家族から「少しゆっくり休むように」と言われ、仕事を手伝ってもらえたとする。そんなとき、「あまりに心地よい休息をもらったので、いつまでもそうしていよう。サボりたい」と考える人なのであろうか。「元気になったら、ぜひ自分がしたいことをやりたい」と願うのが普通だと思うが、不登校を示す子どもには、このような感覚がないと考えているのだろうか。あるいは、一般に居心地のよい場では学習は行われないと考えているのだろうか。

おそらく、担任には、担任としてのメンツがあったのだろう。「別室登校に陥らせた教師」という眼差しを気にし、周囲から評価されることに目が向いていたのに違いない。父親と別れ、その意味では父親から見捨てられ、母親との新生活に疲れ、癒されたいと感じていたC子の眼差しや思いに、意識を向ける余裕がなかったのだろう。このような大人側の無理解、大人側の都合に振り回され、傷つく子どもは、決して少なくない。このことを、大人の側が自戒せねばならない。

別室にいる最中に何をするのか

なぜ、これほど手厳しく言うのかと言えば、このような姿勢、このような考えを持つ教師は、珍しくないからである。同じような発言を、教師の研修会の場でも聞いた。また、電子メールでも、まるで同じ事例かと思われるような相談を受けた。

せっかくの別室登校なのである。家庭にまで退却したことに比べれば、物理的に教師が関わるチャンスがある。ここでは、「先に進もう」と促すことに一生懸命になるのは得策でない。「そのままでよいから、そこに留まっていよう……」と現状を強く肯定する。「君は十分に頑張ってきた。それでよい」と言う。そこから、スタートを切る。

そして、その段階に留まって、その子に必要なものは何かを探し、それを育むことを意識する。何か特別のカウンセリングや学習指導支援が必要だと言うのではない。関われる者が人間関係の交流を適宜行う中で、その子どもに必要だと思われることを、できる範囲で育むことを意識する。

C子の事例に必要なのは、父親との別離で生じたことへの癒しである。子どもと向き合い、父親を喪失したことの痛みを分かち合い、母親との新生活の中で起きているストレスを緩和できるような人間関係を持ち続けることが、C子に必要なことなのである。

子どもの気持ちを癒すことに集中した担任

次に挙げるのは、電子メール相談で、相談を受けた事例である。父母が離婚し、父親と別れてほどなく元気を失い、不登校になりたての事例であった。この相談は、男性の担任からのもので、この担任の対応は素晴らしかった。

【事例】父親になったつもりで担任が遊ぶ

D男の担任は、家庭訪問をしたものかどうか迷っていた。子どもは担任に会ってくれるであろうと、母親は言う。どこか、担任を心待ちにしている様子もあるのだという。

筆者は、C子の事例の場合と、ほぼ同じ事例理解を示した。「父親を喪失したことが辛い体験となり、自分が至らなかったから両親が離婚したと、自分を責めるようなところがあるのだろう」と伝えた。

そして、「登校させることよりも、父親を失った痛みを癒すようなつもりで遊んでください。時間は短くていいですから、遊ぶ機会を増やして下さい」と返信のメールを打った。

その二週間後、担任からのメールが届いた。「お蔭様で、D男は元気に登校しています。家庭訪問をして、近所に出かけ、自分が父親だと思いながら遊びました。翌日も出かけ、学校にも遊びに来いよと言ったら、午後になって、保健室まで来るようになったんです。一週間、放課後に校庭で遊んでいたら、今週から、教室に入るようになりました。ありがとうございました」とのことであった。

担任が述べた「自分を父親だと思いながら……」という感覚と発想を、この担任が抱けたこと、それがすべてを好転させた。そのような感覚で接することが、この子どもにとっては一番大事なことだと、担任自ら本心から思えたことが、この担任の素晴らしいところである。

この話は、どの事例でも担任が子どもと遊べばよいのだということではない。担任との遊んだ体験が父親の喪失体験を癒し、父親のように感じさせる担任のいる学校へと足を向けさせたのである。その子どもに、そのタイミングで一体何が必要なのかを考える。自分のできる範囲で、何を与えることができるのか定め、できる範囲のことで、その子どもに必要なことを与えていくことなのである。

支える人を増やすこと

また、子ども自身が拒否をせず、不安や恐れを感じていないのなら、級友や担任が関わった方がよい。いじめられなど、仲間との人間関係で傷ついていれば、人影すら怯えるであろう。だが、そうでない限り、関われる人間が、関わる機会を増やす。「不登校の○○さん」ではなく、同級生として、担任として、「○○さん」を思い、気にかけていることが伝わるような関わりがある方がよい。

このときに大事なことは、別室登校中の子ども自身が関わってほしいと思っている子どもを探り、その級友に無理が及ばない範囲で関わってもらうことである。そのような個人を定めたら、教師は、級友の誰かが関わりを持つことについて、事前に不登校傾向を示す子どもに尋ねる。

また、学級の誰かが自発的に関わろうとする場合は、原則、子どもたちの動きに任せてもよい。少なくとも悪意や興味本位でないのだとすれば、子どもたち同士の感覚で、互いに結びつこうとする関わりは、悪いようには作用しない。つまり、「不登校の○○さん」であるから関わるのではない関わりは、子どもたちに任せてもよいのである。

不登校の初期で、別室にいる子どもは、「進むも地獄、退くも地獄」であるが、関わる人間たちは、地獄の中に送り込まれる仏たちなのである。

第8章 初期 不登校開始直後の対応

不登校の前兆が見られた場合

不登校の始まり方には、大きく分けて二つのタイプがある。一つは、遅刻や早退や断続的な欠席などの不登校傾向を前兆として示しながら、しだいに欠席日数が増加して、不登校となっていく場合である。もう一つは、前兆がなくて、不登校が唐突に始まる場合である。

前者の場合では、その不登校傾向などの前兆は、保護者をはじめとした周囲の者に、自分の辛さ、苦しさを伝える表現だと考えることができる。その子どもの前兆に気づき、誰かが心理的に支えていた場合には、原則として、その人は不登校後も継続して関わった方がよい。なぜなら、不登校以前から子どもを支えていた人は、子どもから何らかの心理的な支えを期待されていた者だからである。

しかし、その努力にもかかわらず、不登校傾向が強まり、それが本格化したとすれば、その支えが十分でなかったことが考えられる。また、見当違いの支え方をしていた場合もあろう。たとえば、子どもを励まそうとして、かえって子どもを追い詰めてしまうこともある。また、子どもの辛さに寄り添うつもりで、問題を悪化させてしまうこともある。

そこで、不登校傾向が悪化しつつある場合や、その結果、不登校に至った場合では、それまでの関わり方、支え方を吟味し、見直す必要がある。

小学二年生の登校しぶりで「甘えさせる」意味

［事例］三十分の「お母さん独占権」

E男の登校しぶりが始まったのは、小学二年生の五月からだった。集団での登校班での登校を嫌がるようになり、母親との同伴登校となる日が増えた。家庭では、この登校しぶりが始まってから、母親にしきりに甘えることが増えた。二歳年下の妹を押しのけて母親の膝に座ろうとしたり、母親の布団に入るようにしたりして、年齢よりも幼い行動を示すようになった。

困った母親は、養護教諭に相談した。養護教諭は、「この子は甘え足りないようなので、十分に甘えさせるように」とアドバイスを与えた。夏休みに入り、その間も、母親は、できるだけ本人の甘えを受け容れるようにした。

しかし、夏休み明けも登校しぶりはなくならなかった。むしろ、母親と校門まで行かないと、登校することができなくなった。自力で登校ができないために、母親に用事がある日には、登校することができなかった。

そこで筆者は、当面は、集団登校班の集合場まで母親が同伴し、そこで母親と別れることを目標にした。そして、その目標が達成できるたびに、母親が本人と妹の枕元で、就寝時に三十分間、本の読み聞かせを行うように提案した。また、集団登校班での登校ができない場合には、枕元での本読みは、その半分の十五分にすることにした。

この添い寝の本の読み聞かせは、本人がしてほしい活動として挙げたものである。これは、幼稚園のときに行われ、最近は止めていた活動だった。

また、一週間連続で目標が達成できた場合には、土、日のどちらかの曜日に、本読みとは別に、三十分間の「お母さん独占権」が、子どもに得られるようにした。ただ、妹がそれを羨ましがることがないように、妹にも父親にも内緒でそれを行うように勧めた。

その結果、二週間、母親と集団登校班の集合場所で母親と別れて元気に登校するようになった。次は、自宅と登校班の中間で母親と別れることを、さらに、自宅の前で別れることをそれぞれ二週間ずつ行い、完全登校となっていった。

その後、順調な登校が続いたが、この子どもが母親に甘えることでは、「お母さん独占権」は半月続いた。また、母親の添い寝の本読みは、その後数か月継続した。だが、自然に、それも要求しなくなった。母親が「本読みは？」と問うと、子どもは「恥ずかしいから」と述べ、子どもの方から、これらの活動は打ち切りとなった。

この事例で、養護教諭が促した「甘えさせる」という方針は、本来は誤ったものではない。養護教諭は、子どもに安心感を与え、ゆったりと関わり、その中で子どもの甘えを受け容れることを意味して述べたのであろう。それはそれでよかった。しかし、この助言は、「母親自身が子どもを十分に甘えさせてこなかったので、登校しぶりの問題が起きた」かのように伝わった。

そのため、母親自身の子育てへの自信が揺らいだ。母親は、より不安を感じながら、子どもに関わるようになった。子どもが不安な表情になると、母親もそれに応じて不安になる。子どもが母親に甘えると、母親は余裕なく、その子の甘えを許容しようと緊張した。その結果、子どもの不安と緊張は増幅され、登校場面は母子ともに緊張と不安をもたらす場になっていたのである。

援助の見直し

このように、当初は、不登校の前兆が見られ、その問題を援助しようとする母親の努力は、問題の解決に有効に働かなかった。そこで、「甘えさせる」ことを、母親が具体的に行える明確な活動にした。それが、母親の枕元での本読みと、三十分間の「お母さん独占権」という時間枠の設定だった。

母親は、兄を甘えさせることが、妹に及ぼす影響を懸念していた。そのために、「甘えさせなければ……」と思うものの、妹の視線の方も気になっていた。本読みは、妹も一緒に味わうものであり、「母親独占権」は、妹には知らされなかった。それらはそのことへの配慮であった。

母親が四六時中、子どもの甘えに応じるのではなく、母親が確実に行えることを、確実に実行に移せばよくなった。そのため、母親自身の緊張や不安は消え、限られた時間の中で、しっかりと子どもに向き合えばよいのである。子どもの方は、自分の努力に報いる形で、応分の甘える時間が確保された。

一方、うまく課題達成ができない場合には、枕元での本読みの時間は半減させた。だが、このときは、時間が半減する分、倍以上の気持ちで関わるように母親に促した。その十五分間を、E男の甘えたい気持ちに応える働きかけを工夫するように勧めた。

具体的には、時間が短いときは、子どもに意識して触ること、そして、「失敗をした日は、その努力をねぎらうつもりで、その時間内で目一杯優しく『今日はよくがんばったよ』『うまくいかなかったけど、がんばっていたのは嬉しかったよ』との言葉をかけてほしい」と母親に伝えたのである。

このように、それまでの「甘えさせる」支え方を、問題解決との関連で見直したことで、登校しぶりは、二か月足らずで終息していった。

不登校が突然始まった場合にまず行うこと

さて、上記の事例とは反対に、周囲に前兆を気取られず、まるで芯がポキリと折れたかのように、突然不登校になる場合がある。この場合は、援助を求めることができなかった、あるいは、援助を求める気持ちになれなかったと理解できる。もちろん、不登校の直前に強いストレスが一挙に加わった場合もあるだろう。だが、これも、周囲に援助を求める余裕がなかったわけで、援助を求めることができなかった場合に含めてよいだろう。

そして、この場合では、ぎりぎりまで我慢し、耐え続けてきた子どもが多い。ぎりぎりまで我慢したがゆえに、不登校が唐突に始まるのである。それだけ、学校で抱えてきたストレスが強く、傷つきも深いことが想定される。にもかかわらず、限度になるまでに、周囲に弱音が吐けず、弱い姿を見せることができなかったのである。

また、自分の気持ちを理解してもらえる相手がいないと感じていたことも考えられる。周囲から援助を受けられるものと感じていないのかもしれないし、それだけ外界を恐がっているのかもしれない。

このような、突然に不登校になった場合では、子どもから明確な拒絶がない限りは、原則として、できるだけ素早く対応する。そのとき、周囲にいる人間が行う対応で第一にしたいのは、辛い思いをしていたこと、苦しんでいたことに気づかなかったことを、率直に謝罪することである。「辛い気持ちでいたんでしょう？　ごめんね、気がつけなくて」と、気がつかなかったことを謝るのである。

そして、何か具体的にその子の感じていたストレスがありそうならば、それを探る。前兆の見られた場合なら、どこかに原因となることがあるか否かを探ることは、すでに行われているはずである。だが、突然の不登校の場合では、この確認もできていないからである。

原因を無用に追究せず気持ちに寄り添うこと

不登校の初期の段階で、不登校が生じた理由を尋ねるのは、不登校のきっかけを取り除くことが目的である。とはいえ、それを取り除ければ、確実に再登校に結び付くわけではない。また、無遠慮に原因追究をすることも慎みたい。

次章で詳しく述べるが、不登校が本格化すると、新しい事態が発生する。その新しい事態が、不登校を継続させるように働く。この新しい事態を、「不登校の維持要因」と呼ぶが、この「不登校の維持要因」は、不登校が始まってから、数週間のうちに、不登校問題を解決困難な別次元の問題に導いてしまう。

したがって、不登校のきっかけを把握するのは、早いに越したことはない。初期の段階で、そのきっかけとなったストレスに対して何らかの手が打てれば、あわよくば不登校の本格化を防ぐことが可能になるのである。

ただし、子ども自身が、不登校のきっかけとなることを正直に語ってくれるとは限らない。とくに、突然不登校となった場合は、周囲の者に援助を求める気持ちが弱い。また、正直に語ったとしても、そのきっかけを、短期間に取り除けるとも限らない。そして、どうしようもないこともある。たとえば、過去で起きたことが影響している場合もある。また、人間関係のトラブルでは、関係がこじれてからのことも多く、短期間では問題がよい方向に向かわないことも少なくない。

いずれにせよ、突然に不登校になった場合は、長期間、周囲が子どもの悩みに気づかず、子どもが一人で悩んでいたと考える。それだけに、短期間に解決できない場合や、過去の辛い体験の影響を受けている場合が少なくないことを想定する。だから、原因を尋ねるときには、慎重な言い回しを意識するのである。

さて、こちら側の問いかけに応えて、不登校のきっかけを語った場合は、それを語ったことをねぎらう。「よくそのことが言えたね」という具合である。そして、一人で長い間悩んでいたことを理解し、「辛い思いを、ずーっとしてきたんだよね」と語る。そして、あれこれ本人なりに工夫した努力について、丁寧に聞き取る。

不登校のきっかけが、語られない場合でも、「理由はわからない……それでいいよ」と、そのことを受け容れる。「理由はわからないけれども、学校に行けないのは辛いよねえ」と言う。そして、いつごろから辛い思いをしてきたのかを確認する。辛く感じていた期間がわかった段階で、「それだけの間、辛い思いをしていたんだ」と応じる。そして、周囲にいて、不登校以前に子どもに関われる立場の場合は、「その間に、辛い思いをしていたことに気がつかなくて、申し訳なかった」と謝罪する。

これらが、子どもの問題のきっかけを確かめながら、子どもの気持ちに寄り添う関わりである。

どのような援助がほしいのかを確認する

次に、不登校のきっかけがわかっても、わからなくても、どのようなことを手伝ってほしいと考えているのかを確かめる。これは、不登校に突然なった場合だけでなく、不登校傾向が悪化して、対応を仕切りなおしする場合にも必要な関わりである。

だが、そのために、漠然と「何か力になれればいいと思うのだけれど、何か手伝ってほしい？」と尋ねるのは芸がない。看板もメニューもない料理屋に入った客が、店主から「何をお作りしましょうか？」と尋ねられても、困ってしまうのと同じである。

まず、「辛い思いを一杯してきちゃったんだよね。どうしていいか自分でもわからないんだよね。これから、どうしていったらいいのか、一緒にあれこれ考えていくこともできるけど……どうかなあ？」という具合に、こちらが提供できる最低限のことを伝える。その上で、考えられる具体的なサービスをメニュー提示する。

不登校になったことについて、辛く感じているようであれば、「君自身が辛く感じたり、不安に思っていたりするのは、見ている方も辛いなあ。学校に行く、行かないは別にして、少しでも気持ちが楽になった方が、いいんじゃないかって思うけど……。そのために、○○する時間がつくれればいいんじゃないかと思うのだけれど、それって嫌な感じがする？」というような言葉をかける。

「○○する」の部分は、教師や保護者であれば、「一緒に遊ぶ」でもよい。カウンセラーであれば「カウンセリングをする」でもよい。不安や緊張を下げる具体的な心理治療技法があるのなら、それを提案してもよい。

また、不登校のきっかけが明らかになった場合なら、「そのことが解決したなら、学校には行きやすくなるかなあ？　その解決のお手伝いをしたいと思うけど、どうかな？　よけいなお世話という感じもするかな？」と尋ねる。

その上で、不登校のきっかけとなったことについて、その解決に向けたさまざまなアイデアを出し、メニューのように並べる。そして、それらのアイデアの中から、「この程度のことなら、してもらっても構わないことってあるかな？」と、子どもの意向を確認する。

このように、不登校の初期段階では、子どもの回復への力になりたいことを宣言する。子どもが拒否しない限り、この動きは早い方がよい。そして、子どもとの関係をよりよいものにする。その一方で、当面の不登校のきっかけを探り、取り除くことなど、当面の問題の解決に向けて一緒に考えて歩み始める。そのときに大切なのは、細かく、子どもの表情や、表現の意味を感じとりながら、丁寧に、確かめていくことなのである。

コラム4

登校刺激

「登校刺激を与えるな」と、よく言われる。

ここで言う「登校刺激」とは、学校や登校を話題にしたり、登校を勧めたりして、子どもに脅威を与える場合を指している。この関わりは、学校や登校にまつわる不安や緊張や恐れを増す。それでは逆効果である。そこで、「そのような刺激は与えない」というのである。

しかし、「○○をしない」という発想は消極的である。「不安や緊張を与えない」ではなく、「安心を与える」と発想したい。そこで、欠席を宣言することもある。「無理をしてまで、登校しなくてもよい」と言葉をかけるのである。あるいは、「しばらく（例えば、一週間は）登校しなくてもよいからね」など と、期限を区切り、欠席を宣言して休ませる。

欠席宣言もそうだが、ここでの目的は、安心感を与えることである。しかし、安心感を与えることは簡単なことではない。カウンセラーが好んで使う言葉として、「あたたかく見守って下さい」という台詞もある。しかし、「あたたかく見守る」の意味することもわかりにくい。しばしば、恐る恐る子どもを窺うようになる。子どもにこわごわ触れると、関わる人間の緊張感が伝わる。子どもからすれば、自分の存在が、周囲の人の緊張を生み出す。これは居心地が悪い。結果として、家庭にいても安心していられない。

一番大事なのは、関わる人間の側に緊張感や恐れがなく、安心感と安定感を持つことである。そして、子どもに居心地のよい時間と空間を提供する。保護者が「子どもが学校に行かなくてもよいと開き直ったら、子どもを受け容れられ、しばらくしたら、子どもが登校できるようになった」とのエピソードも多い。この話で大事なのは、開き直ることではない。保護者が安定し、その安定が、子どもに安心感を与えることである。その結果、登校に繋がる。肝心なのは登校刺激の有無ではない。関わる人間が、安定感、安心感をしっかりと持つことなのである。

第9章 中期 生活空間を広げる関わり——対人不安を軽くする

不登校が生み出す不登校

不登校は、欠席が続く問題である。当たり前のことのようだが、なぜ、欠席が続くのだろうか。不登校となった結果、欠席を続けさせる要因が新しく生み出されたからである。そのために、不登校では欠席が続くようになる。つまり、不登校の状態が、不登校を生み出すという悪循環が生まれるのである。

不登校を維持、悪化させる要因は、さまざまである。子どもの中では、大別して行動の面、感情の面、思考の面の三つの側面で、新たな維持、悪化要因が生まれる。

行動面では、「学校の不快な場面を避けた」という安心感、安堵感が起きる。この安堵感が、翌日に学校を避ける動きを強める。これは、動物の生存本能が引き起こす、身を守るための学習である。この力は強く、少々の登校への意志は、はじき飛ばされる。それが不登校を強めるように働き出す。また、子どもは、連日、学校の不快な場面を想像する。それが感情面での不快感を悪化させていく。これについては、後ほど詳述する。そして、思考の側面では、「自分はダメだ」という考えが頭をめぐる。「思い通りに登校できない」ことと、「学校を不快に感じる」ことの二つが、「自分はダメだ」という意識を強める。

一方、周囲の者の関わりが、問題を維持させ、悪化させる場合もある。普通、保護者や教師は、「不登校だ」と気づくと、それを解決しようとする。さまざまな解決に向けた努力が払われる。この努力が、かえって問題を悪化させるように働くこともある。もちろん、保護者や教師が適切に動き、解決していく場合も多いだろう。だが、周囲の努力や工夫の範囲で問題が解決しないので、長期にわたる不登校に進展していくのである。

生活空間の狭まりを防ぐ意味

この不登校問題の維持、悪化の要因が端的に表れるのは、子どもの生活空間が狭まることである。不登校の初期段階では、担任や友人と会え、放課後には一緒に遊ぶ子どもも多い。しかし、しだいに子どもは外出を控えるようになる。出会う人間を制限していく。これが、ここでいう

「生活空間の狭まり」である。

ここでは、生活空間の狭まりのメカニズムに触れ、その解決策を考えたい。なぜなら、筆者らの研究によれば、子どもの生活空間の狭まりに働きかけることが、不登校問題では最初の段階から最後の段階まで、一貫して重要であるとの結果が導き出されたからなのである（小林ほか、一九九五）。

これは、複数のカウンセラーが扱ったさまざまな不登校事例六十例を集め、各事例でカウンセラーの行った対応が、不登校の状態にもたらす影響について調べたものである。その結果、不登校のすべての期間で、「対人積極性」の改善が、登校行動の改善と密接に関連していることが明らかになった。そして、「対人積極性」がよくなるためには、生活空間を拡大させる関わりが、大きな影響力を持つことも示された。このように、不登校の最中は、生活空間の狭まりを避け、生活空間を拡大させることは、最初から最後まで重要な関わりなのである。

生活空間の狭まりは何をもたらすのか

さて、実際に、生活空間の狭まりは、どの程度起きるのだろうか。不登校体験者の追跡調査では、中学三年生時の不登校状態が、どのような不利益や苦労を生み出したのかを調べている（現代教育研究会、二〇〇一）。この項目で、半数以上が挙げたのは、以下の三項目だった。いちばん多かったのは、「小中学校のころ不登校であったため、生活リズムが崩れ苦労してきましたか？」で、「おおいにあった」と「少しあった」を合わせて、合計六三％が苦労していた。ついで多かったのは、「学力や知識が足りず、受験や仕事などで苦労したことがある」で、五八％が肯定している。また、「現在他人との関わりに不安を感じることがありますか？」では、五三％が対人関係上の不安を感じるとしている。

この三項目のうち、最後の項目の「他人との関わりに不安」は、生活空間の狭まりと密接に関連すると考えられる。そもそも、不登校は、学校を不快に感じ、それを避けることである。そして、不登校では、人間関係の不調が問題のきっかけになる場合が多い。そのため、人に対する不安や緊張を感じる事例が多くなる。対人場面で不快感を味わうと、人に対して、不安や緊張を抱くようになる。そのために、人との関わりを避けようとする。これは、ごく自然な防衛反応である。

不安や緊張に限らず、一般に感情が変化するときには、「二つの法則」が存在する。第一の法則は、「繰り返せば繰り返すほど、そこで感じる感情が強くなる」点である。たとえば、このことは、特定の場面で不安や恐れを感じることが繰り返されると、その場面で不安や恐れをますます強く感じるようになるということを意味する。そして、第二の法則は、「ある特定の感情を感じている場面や状況で、別の場面や状況が同時に加えられると、別の新しい場面や状況でも、同じような感情が起きやすくなる」ことである。このことは、特定の場面での不安や緊張などの不快感が強くなると、それに関連する、他の類似した場面での不安や緊張も強くなることを意味する。

感情の問題に理屈は通用しない。不快に感じれば、それを避けたくなる。不快に感じる対象が広がれば、避ける場面が広がるので、行動範囲がより狭まる。外出を控え、外出する時間を自制するようになる。このように、生活空間の狭まりがあるときには、その背景に、人に関わるときの不安や緊張があると考えてよいのである。

さて、人に関わるときの不安と、不登校の予後とは、どのような関連があるのだろうか。先述のように、不登校体験者の半数以上が、二十歳時点で、人に関わるときに不安を感じていた。他人との関わりに不安を感じることと、不登校体験が成人となった自分にマイナスの影響を与えている程度との関係を調べた結果がある。それによれば、「かつて不登校であったことが、マイナスに影響していると感じている」とした者のうち、七七%が人に関わる不安を感じているとしていた。これに対して、「マイナスに影響していると感じない」とした者の場合では、現在対人不安を感じる者は三三%に過ぎなかった。

不登校問題が予後の適応に与える影響という意味でも、対人不安を軽減することが重要なのは、ここにも示されているのである。

人への不安や緊張を軽くしていくには

さて、前述した感情が変化するときの法則は、そのまま、不安や緊張を和らげるメカニズムに応用できる。不安や緊張を感じそうな場面で、「予想外に大丈夫だった」「安心していられた」とか、「心地よい思いをした」と感じられた体験があれば、不安や緊張が減少するといえるからである。この法則によって不安や緊張が消える現象を、脱感作（desensitization）と呼ぶ。

人間に対する不安や緊張の場合で考えると、誰かと人間関係を持ち、その人間関係の中で、「安心していられた」とか、「心地よい思いをした」との体験を重ねれば、不安や緊張は消える。人間に対する不安や緊張を軽減するには、その不安や緊張を上回る安心感や心地よさを、人間関係の中で繰り返し味わえばよいことになる。これが、対人不安や対人緊張を取り除く際の原則である。

実は、カウンセリングには、不安や緊張を解除するメカニズムが、流派を問わず、構造として組み込まれている。カウンセラーとの話し合いの中で、クライエントは不快に感じる場面を悩みとして語る。カウンセラーとクライエントの関係の中で、カウンセラーは、さまざまな形で安心感を与える。不安や緊張感を上回る安心感が与えられると、クライエントの不安や緊張は軽くなる。

そして、カウンセリングは多くの場合、週に一度のペースで繰り返される。クライエントは、不快に感じるさまざまな場面について語り、カウンセラーから安心感が与えられ、毎週それが繰り返される。その結果、不安や緊張が弱まり、不快に感じる場面が少なくなっていく。カウンセリング関係を継続するだけで、不安や緊張が軽くなっていくのは、このメカニズムによるところが大きい。

しかし、そこで語られる不安や緊張などの不快感が、その関係がもたらす安心感以上に強ければ、クライエントの不安や緊張は減少しない。むしろ、カウンセラーを不快に感じるようになる。辛い体験や、問題の根深いところを語った次の面接回に、カウンセリングを休んだり、中断したりする場合はよくある。これは、語ったときに感じた不快感を、カウンセラーが緩和しきれなかったために起こる現象である。

このように、相手の不安、緊張を上回る安心感を、信頼関係の中で提供することが重要であり、これが対人不安を取り除く基本原理である。

生活空間の拡大で目指すこと

さて、対人不安を軽減するために、具体的に生活空間を拡大することについて考えてみよう。これは、子どもの生活空間や、子どもをめぐる対人関係を広げることだが、このとき、学校に繋げることや、再登校を意識する必要はない。もちろん、生活空間や対人関係の拡大の延長線上に、学校や学級があってもよいが、学校を意識すると、不快感も起きやすい。また、学校を意識して生活空間を広げようとすると、選ばれる空間や人間関係の範囲も狭まってしまう。

ここで必要なのは、その外出先で「人との関わりで心地よかった」という体験を持つことである。目指すのは、その生活空間の拡大や、対人関係を広げることが、子どもに「生活空間を広げた甲斐があった」と思わせる体験となるようにすることである。そのためには、どこかの生活空間の中に、子どもに対して「そこに居てよい」という「座布団」が用意され、誰かがその座布団を差し出せればよいのである。

そのような座布団、居場所があれば、子どもは人間関係を広げることができ、子どもの理解者が増えていく。自宅に蟄居しているだけでは、子どもの居場所は広がらない。たとえば、近所の子どもと遊ぶ、級友と遊ぶ、補習塾に行く、児童館に出かける、公民館に顔を出す、適応指導教室に行ってみる、サポート校に出かけるなどが、生活空間を広げることである。筆者は、中学生でも、その親戚宅や保護者の友人宅で、アルバイトや内職を勧めることがある。ボランティア体験を味わわせたりもする。大事なのは、その物理的な環境やシステムではなく、それぞれの子どもに見合った「座布団」「居場所」が、その場にできることなのである。

【事例】 適応指導教室からボランティア活動へ

ある適応指導教室に、大学院生を派遣していたときの話である。適応指導教室の指導主事から、「この教室の近所に養護学校があるんですが、そこのお祭りに適応指導教室の子どもたちを参加させたいのですけど……」という提案が出された。そのために、「大学院生たちから子どもたちに、そちらに向かうように働きかけてくれないだろうか」というのであった。

四月から下準備を始め、適応指導教室の中で、子どもの希望者を募った。そして、秋には、養護学校のお祭りは成功裏に終わった。養護学校の教師、子どもたち、保護者に感謝された。自分が人のために役立てるという体験ができ、どの子どもたちの動きも活発になった。

その中に、F子がいた。小学校高学年から不登校で、中学になってから適応指導教室に通い出した。おとなしく、人の後ろに隠れている子だった。そのF子が、養護学校のお祭りの後、指導主事に電子メールを送った。

「興味本位というのではないんです。知的障害者の方や福祉に興味が出てきました。どこかでボランティアできませんか？」。指導主事は喜んだ。早速、近くの福祉作業所を紹介し、事前に主宰者に話を通したのである。

そこで、F子は「ボランティアとして手伝いたい」ということで、電話で連絡をとった。ところが、電話を受けたのは、その主宰者ではなかった。別の主婦のボランティアだった。そのボランティアまでは、その話は伝わっていなかった。ボランティアは、素朴に問いかけた。

「どうして、中学生の生徒さんが、昼間の学校のある時間に、うちの作業所を手伝いに来れるの？」

不登校の子どもには、厳しい質問だったろう。しかし、F子は臆することなく、「不登校でずっと学校に行っていなかったこと」「今もその状態であること」「養護学校に行って、自分よりも大変な人生を歩んでいく人がいることを知ったこと」「自分も何か力になれればと思うこと」「教育委員会もそれを許可していること」を、冷静に、丁寧に語った。

その後、三か月間、F子はその福祉作業所に通った。それをレポート用紙にまとめ、「卒業論文」と言いながら、教育委員会に提出した。そして、高校にも合格。高校生活を元気に過ごしていった。

人との関わりでの傷つきは、人との関わりで癒される

F子は、自宅から適応指導教室、その適応指導教室から養護学校に、その養護学校から福祉作業所へと、生活空間を広げていった。その中で、他者から頼られ、他者に役立つことの喜びを体験した。自分がそこにいる意味を見いだし、それが次への展開へと繋がっていった。

F子に限らず、生活空間が広がると、新たな人間関係が生じる。その中で、家族以外に自己を認めてくれる者ができ、その者から自分の座布団が与えられることが大事なのである。ときには、子どものよき理解者が現れる。福祉作業所を紹介した指導主事もよき理解者であった。また、最

初に福祉作業所で電話を受けたボランティアは、F子の立派な電話の受け答えに感心し、F子のよき理解者、味方になった。

　よき理解者が増えるほど、本人への支えは強くなる。そして、人との関わりの中で、心地よい体験が繰り返される。このことが、子どもの傷つきを癒し、人に対する安心感を与える。それが、生活空間をさらに広げることに繋がる。このように、人との関わりでの傷つきは、人との関わりの中でこそ癒されていくのである。

第10章

中期

不登校の期間にしておきたいこと

――ストレスに対処する力を育む――

せっかく不登校になったのだから

多かれ少なかれ、人生には、失敗、挫折がある。これらの人生上の不具合や不幸は、避けがたい。たとえば、それは病気であったり、リストラだったり、大事な人との別離や死別だったりする。

そのような不具合、不幸を味わった後で、「その体験があったからこそ、今の自分がある」と思えることもある。当時、苦しくて仕方がなく、二度と繰り返したくないと思う体験もある。けれども、その体験を生きていく糧にする人もいる。そして、不登校体験も、人生の比較的早い時点で遭遇する不幸な体験の一つである。

不登校のただ中にいる事例と出会って、常々思うのは、「この不登校体験が、先々で本人が生きていく糧となってほしい」ということである。とくに、学校への復帰や、社会に出て行くまでに時間が必要な場合には、筆者は、「せっかく不登校なんだから」と考える。そして、「不登校の期間に、この子ができることは何だろう」と思う。つまり、「せっかく学校に行っていないのだから、学校で学べないことを学んでほしい」と思う。あるいは、「せっかく家にずっといるのだから、家でしか味わえないことを味わってもらおう」と考える。

このことで思い出されるのは、チョモランマの登頂に成功した三浦雄一郎氏から聞いた話である。三浦氏の娘さんも同席していた。お二人が語るには、小学校時代に登校をめぐってぶつかりあったのだという。お嬢さんが不登校というのではない。事情は反対で、それは、娘が父親に、「頼むから学校に行かせて！」というものだった。

三浦氏は、プロスキーヤーとして、スキー場と契約して仕事をしていた。そのため、年に何回も転居する生活だった。お嬢さんも、転校の連続だった。学校によって勉強の進度が違うので、学業も大変だった。せっかくできた友人とも、すぐに別れることになった。

父親は長期の休みになると、山や川にキャンプを張って、家族で生活した。そして、学校の行事と家族の予定が重なると、「学校なんか行くな」と登校を止めた。娘は文句を言った。「頼むから学校に行かせてよ！」。

三浦氏はこう答えた。「学校なんかいつでも行ける。勉強もいつでもできる。だけど、子どもと親と一緒の時間は、今しかない！」。

コーピング・スキルを育む

せっかく不登校になったのである。不登校の今しかできないことは何なのだろうか。このような発想を持ちたい。まだまだ人生の道のりは、始まったばかりの子どもたちである。「失敗した。人生をやり直したい」と言っても、人生をやり直すことの可能な年齢である。人生をやり直しても、十分に取り返しのつく年齢である。

前章で、不登校の改善に、生活空間を拡大し、対人不安を軽減していく重要性について触れた。確かに、これらは、不登校の問題の改善には大きな役割を果たす。だが、不登校の子どもの生活空間が狭いことや、人に対する不安が高いことを「問題」と捉えるのは、「不登校の今しかできないことをする」発想からすれば、いく分視野が狭い。

つまり、ただ「生活空間を広げればよい」、ただ「対人不安や緊張を下げればよい」というのではないだろう。生活空間を広げるのなら、そのプロセスの中で、子どもが何か意味ある体験を味わってほしいと思う。そして、生活空間が広がった結果、子どもが外界と交わるときに必要な何かの知恵や力を身につけてもらいたいのである。

また、対人不安や緊張を下げるだけではなく、その不安を克服するプロセスで、「人との交流は楽しい」「人と一緒だと心地よい」という体験を重ねてほしい。そして、人への安心感を得るとともに、辛いこと、苦しいことがあっても、その辛さを受けとめる力や、辛さを与えるものを取り除く力や、ストレスを発散する力を育んでほしいと思う。

せっかくの不登校の期間なのである。自由に使ってよい時間がたくさんある。その時間を、問題解決の力やストレス発散の力を育てることに使いたい。生活上のトラブルを抱えたときに、それを解決していく力や、ストレスがかかってきたときに、わが身を守り、ストレスを上手に発散する力を育みたい。

これらの力は、ストレスに対処する力である。これらの力を、心理学ではコーピング・スキル(coping skills)と呼ぶ。不登校の期間に何かに取り組む中で、生きていく力を身につけて、よりたくましくなってほしい。その生きていく力の代表が、コーピング・スキルだと筆者は考えている。

ごっこ遊びの意味

子どものコーピング・スキルを育むといっても、子どもの個性に応じて、目指すスキルはさまざまである。このような事例があった。

【事例】インコのお話づくりを繰り返したG子

最初にG子の話を聞いたのは、養護教諭からだった。四年生の後半から保健室登校が始まった。それまで、G子は、ほとんど口を開くことなく、友人関係も持てず、ただ静かに影のように教室にいる子だった。

G子は家庭の事情で、家族からほとんど面倒を見てもらえていなかった。会話をする相手は、幼いころに祖父からもらったインコのつがいで、そのインコが産んだインコの子ども、孫たちだった。インコたちを話し相手として、インコと一緒に育ったような子だという。

G子は、学級の仲間の元気さについていけなかったのだろう。保健室で日中を過ごすようになった。保健室では、インコの絵を描き、インコについて話をするようになった。そのうちに、小さなインコの絵をいくつか描き、それを切り抜いて、割り箸の先にそれをくりつけた。そして、そのインコの絵を主人公に物語をつくるようになった。

養護教諭はそれを面白がり、空き箱を用意し、それをインコの家に見立てた。G子と一緒にその空き箱に間仕切りをし、小さな家具も作った。G子は飽きもせず、割り箸インコで家族ごっこ、ままごとと、インコのお話づくりを繰り返した。

五年生も後半になると、G子が学級の体育などに目をやり、興味深そうに眺めることも増え出した。担任が何気なく誘うと、体育に参加するようになり、秋になると教室の授業にも参加し出した。「立てば歩めの親心」だったのだろう。その年の暮れには、担任と養護教諭は、通常の授業に入れることに成功した。
しかし、喜んだのは一か月ほどで、三学期になると、G子は教室に行くのを止めてしまった。養護教諭は反省しきりだった。「まだ早すぎた」と言うのである。G子は別室登校のまま卒業し、中学に入ると不登校となった。

筆者は、教師が通常の登校に結びつけようと思うのは、むしろ当然であると、養護教諭に伝えた。そして、G子にとって、養護教諭と過ごしたインコのお話づくりが、彼女にとっては確実な財産になるはずなので、自分の実践に自信を持ってほしいと話した。

筆者には、インコのごっこ遊びは、幼児返りの単なるお遊びには感じられなかった。G子には家族らしい家族がなかった。G子の考える架空の理想の家族や親子での会話を、この遊びを通して学んでいるように思えた。そして、彼女がつくり上げたインコの世界の会話に、養護教諭が参加し、遊んだことにも大きな意味があると思った。この話には続きがあるが、これは最後に述べよう。

コーピング・スキルを育むものとしての遊び

通常、ストレスに対処する力、コーピング・スキルは、大きく分けて対人関係を円滑に結ぶ力と、課題に取り組んでいく力に分けることができる。G子の場合では、対人関係を円滑に結んでいく力のうちでも、基本的なものが不足しているようだった。それは、家族のような親密な関係で得られるもので、人と親密な会話を重ねる力である。そして、その親密な会話の中で安定し、安心した人間関係を維持する力を持つのが、G子の課題だった。

G子は、自分の幼児期のあたたかい関係を与えてくれたものの象徴として、インコを材料として取り上げた。そして、インコの家族ごっこ遊びを通して、あたたかい会話を重ねた。この遊びが、G子にとって、安定し、安心した人間関係を体験させることになった。この安心した関係の中で、親密な者同士の会話を養護教諭と積み重ねた。確かに、教室に戻るのには時期尚早ではあったろう。しかし、わずかの期間ではあったが、教室に戻る元気さが、保健室の遊びの中で培われたとも言えるのである。

そもそも、遊びは、一定程度の枠を持ちながらも、日常生活の利害や、束縛から解放された自由な空間が保障される。そのために、遊びの最中は、緊張や不安が自然に緩和されやすい。今回の養護教諭のように、その遊びの場に、他の人が介在するなら、対人関係上の不安や緊張を和らげることにも繋がっていく。

そして、遊びそのものは、子ども自身が環境をリードできる場である。子どもが遊びを組み立てる主体者である。このことが、環境を自ら動かすことへの自信も培う。また、今回のG子がそうであったように、遊びの主体者となる中で、自分に不足し、自分に必要とされている遊びを、子どもは選び取る。子どもが選んだ遊びを通して、自分に必要なコーピング・スキルを、自己治癒的に自学自習していくものであるようなのだ。

たとえば、大震災など大災害の後、被災地の子どもたちが、その災害を想像させる遊びを象徴的に繰り返すことが多い。たとえば、「地震ごっこ」「避難所ごっこ」「死体ごっこ」「葬式ごっこ」「レスキューごっこ」などで遊ぶ。虐待を受けた子どもは、虐待を想像させる遊びをテーマに選ぶことが多い。たとえば、「事故と救急車ごっこ」「ひき逃げばらばらごっこ」などである。

このように、とくに児童期には、子どもが自ら好んで行う遊びの世界に、その子どもの乗り越えたい課題が象徴的に示されることが多い。したがって、その遊びが象徴するものを理解できたときは、その子どもが先々生きていく上で必要なコーピング・スキルをそこに見いだしながら、腰を据えて子どもの遊びに、積極的に向き合う。これが原則である。

ファンタジーづくりが学ばせたもの

さて、G子の話には続きがある。

【事例】その後のG子

G子は、中学になり一年間、不登校であった。そして、二年生から、再び別室登校を行うようになった。筆者が指導する大学院生が、この別室登校のG子と週に一度、学校で半日会うことになった。ほどなく、G子は大学院生と交換日記を始めた。

交換日記は、ファンタジーの物語を交互につくっていくものだった。G子は一大物語を展開していった。大学院生が舌を巻くほどのしっかりしたストーリーだった。登場人物の語る台詞もこなれたもので、軽妙な会話が随所に見られた。物語もさまざまな伏線を張りながら、次々と山場が登場し、一年間かけた大作となっていった。実は、中学一年の一年間の不登校の中で、G子はアニメ、漫画のファンタジーに精通するようになっていた。

筆者は、大学院生の報告を毎週聞きながら、G子が文字を通して語るファンタジーの世界が、確実に豊かな広がりを示すのを感じていた。大学院生には、この物語づくりに参加し、積極的にそれを押し進めるようにと促し続けた。

三年生になると、G子は適応指導教室に通うようになった。適応指導教室では、アニメ、漫画に精通している子ということで、他の不登校児たちから一目置かれた。そして、適応指導教室の指導員の進路指導の中で、アニメーションの専門学校への進学を決めた。彼女の希望は声優もしくはアニメ・ストーリー作家になることだった。

そして、三月の適応指導教室のお別れ会では、教室で卒業生が劇をつくることになった。その台本は、すべて彼女が担当した。作品は見事な出来だった。G子は劇全体の構成と監督を担当した。コンピュータに詳しい仲間に音声を担当させ、それぞれの登場人物も、仲間の地のキャラクターがにじみ出るような台詞回しにした。そして、本番では、前口上とカーテン・コールでの口上を述べただけではなく、劇の中にも、自分の出番をつくり、見事にこなした。

実は、G子の顔を見たのは、筆者はこれが最初で最後だった。小学校の時期、養護教諭からインコの語る世界の話を聞いてから五年間の時間が過ぎていた。「これがあのインコのG子だったのか」という感慨があった。劇の最中、この五年間でG子を育てた多くの人たちの関わりのことを思い出した。そして、劇の構成の見事さに、ただただ圧倒されていた。

身近な家族と会話がなかったことを、G子は物語づくりという遊びを通して、一貫して乗り越えていった。大学院生が関わっていたときには、中学校側から「現実的な世界、たとえば、進路のことなどを話題にしなくてもよいのだろうか」とか「勉強を教えてもよいのではないか」という懸念を耳にしたこともあった。ときには、「ファンタジーの世界に入り浸ってしまったらどうするのか」という心配も聞こえてきた。

大人は、ファンタジーやバーチャルや物語世界にオタクのように関わり、世界を閉じることを心配する。だが、養護教諭にせよ、大学院生にせよ、関わる人間たちは生身の人間である。材料が世界を閉じるようなものであっても、生身の人間が介在すれば、それは現実世界のチャンネルとして働くのである。

現実世界が心地よければ、必ず子どもは現実世界と繋がろうとする。反対に、現実世界に魅力がないことが、子どもを架空の世界に走らせ、世界を閉じさせてしまう。子どもの世界を閉じさせるのは、漫画やアニメなどの世界に問題があるのではない。それよりも魅力的な人間関係を築けなかった、現実世界側の者たちが問題なのである。

せっかく不登校になったのである。現実世界との関わりの中で、不登校の間でしかできない体験をしてもらいたい。そして、その中で、大きく育ってほしいのである。

第11章 中期 セルフ・コントロールの力を育てる

コーピング・スキルとしてのセルフ・コントロール

前章で、ストレスに対処する力を、心理学ではコーピング・スキル（coping skills）と呼ぶことを紹介した。そして、コーピング・スキルを育むものとしての遊びの効用を取り上げた。本章では、コーピング・スキルの中でも、セルフ・コントロール（self - control）を取り上げたい。

セルフ・コントロールとは、先々の目標を考えた上で、「したくないことを、あえて行う」「したいことを、あえて行わない」ことである。日常的な言葉で言えば、「頑張る」「耐える」ことである。先々の目標のために、「したくないことを、あえて行う」ことが、「頑張る」ことである。「したいことを、あえて行わない」ことが、「耐える」ことである。

頑張ることや耐えることは、目標を達成し、課題を乗り越えるために必要な力である。目の前に課題があるときは、それがストレスとなる。しかし、ストレスがあるからといって、遊びで発散しても課題は解決しない。課題を解決しない限り、それがストレスとして目の前に横たわる。仕事が大変なので、仕事をしないで遊んで暮らせば、ますます窮地に追い込まれていく。すなわち、問題や悩みなどで、それを取り除けるものなら、早い段階で賢く取り除いた方がよい。このために必要なのが、セルフ・コントロールである。

実際、セルフ・コントロールは、学校教育の中で、意図的に培われている。学校の主な活動は学業だが、学業も、このような力を育むことが意図されている。そして、この力は、社会に出た後でも重要である。自己実現していくためには、目標に向かって努力することや、我慢が求められる。そして、学校は、そもそも社会に出ていく準備機関である。学校がセルフ・コントロールを大事にするのは、当然のことと言えるだろう。

それゆえに、頑張り、耐えられる場合ほど、子どもは学校を快適に感じる。このことは、これまでの研究の中でも明らかになっている（東京都立多摩教育研究所教育相談研究室、一九九七）。だからこそ、学校で快適に生活するためにも、社会に出てから先でも、子どものうちに、セルフ・コントロールを身につけておく方がよいのである。

不登校問題の中に見るセルフ・コントロール過多の問題

セルフ・コントロールは、主に児童中期から後期にかけて急激に育つ。E・H・エリクソン（一九五〇）が、児童期のことを「勤勉期」と呼んだように、この時期は、物事に取り組もうとする意欲が人生の中で一番高い。ホルモンのバランスもよく、情緒も安定している。その上、先々を見通す思考力も育っている。保護者や教師の要求に応えたいという気持ちも強い。それゆえに、課題を真面目にこなそうとする力を培うのには最適であろう。

不登校の問題で、セルフ・コントロールが問題になるのは、大きく二つのタイプがある。一つは、セルフ・コントロールが強く、自分の欲求にブレーキをかけ過ぎる場合である。もう一つは、セルフ・コントロールの力が身についていない場合である。

実は、セルフ・コントロール過多、つまり頑張り過ぎ、我慢のし過ぎも、本当の意味でセルフ・コントロールはできていない。先々を見通し、自分にほどよい程度の努力に調節ができないのである。頑張ること、我慢することで、ストレスを過剰に溜め込む。これが問題なのである。

セルフ・コントロールが過多である不登校の事例では、頑張る、耐えるなどの表面的なセルフ・コントロールを高める必要はない。この見極めは、不登校になっての様子ではなく、それ以前の様子で判断する。

とくに、小学生時に、頑張りや、我慢ができる子どもの場合は、セルフ・コントロールを行う基礎的な力は獲得されていると考えられる。小学生でも、不登校以前に、まるで「おとな子ども」のように、しっかりし過ぎていた事例も同様に考えてよい。

このような子どもが不登校となった結果、一定程度怠惰になるのは当然のことと考え、ゆったりと接する。むしろ、いい加減に行うことや、適当にやり過ごすなどの仕方を教える。目の前の課題に追われるのではなく、先々を見通して力を温存する。ゆったりと過ごし、本当に力を注がねばならないことのために力を蓄えさせる。

これが、身につけたい本当のセルフ・コントロールである。視野を広げ、視線を高くし、自分が本当に頑張り、耐えるに足るものを選び、緩急をつけることである。これが、彼らに必要なセルフ・コントロールである。

定期テストで悪い点を取るという課題

【事例】無理をし続けてきたH男

H男は、いわゆる「お受験」で育ってきた子どもである。幼稚園から「受験」を意識し、小学校は有名私立小学校や大学附属小学校を受験した。しかし、くじ運にも恵まれず、結局、公立小学校に入学となった。そして、小学三年生からは、進学塾通いが生活の中心となった。

H男は、もともと知能も高く、成績も上位を保っていたが、小学六年生のころから、息切れが始まった。「勉強するように」と言う母親に反発し、机の前でぼんやりと過ごすことが増えた。結局、第一希望の中学には合格せず、不本意な気持ちで第二希望の中学に入学となった。そして、中学入学後、一か月ほどして不登校が始まった。

H男の場合、毎朝学校への道のりの中で目標となる地点まで歩くことを課題とし、目標地点をだんだん学校に近づけることを課題にしたが、課題そのものを工夫した。一直線に学校に向かうのではなく、登校途中で寄り道をすることを勧めた。外出をするときにも、自分にとって楽しみとなること、たとえば、買い物に出たら、本屋で立ち読みをすること、趣味のプラモデル屋を覗いてみることなども勧めた。

その後、しばらくして別室登校となったH男が、教室に入ろうとの決意を語ったのは、二学期の期末テストのときだった。「無理はしないように」と筆者は伝えた。そして、「絶対に勉強してはいけない。できるだけ悪い点を取りなさい」と強く指示した。「君は、学級に慣れなきゃならないでしょう？　しばらく教室に入っていないのだから、友だちにも、教室で行う勉強にも慣れなきゃならないでしょう？　試験勉強は後回しにしなさい」

「それに……」筆者は続けた。「教室で勉強を長いことしていない奴がやってきて、いい点を取ったら、教室で勉強していた仲間はどう感じる？……そう、面白くないよね……」

「それからね、まだ、いいことはあるよ。今回最低点を取っておけば、次はとくに頑張らなくても、今回よりはいい点が楽に取れるはずだよね。次の試験までの余裕ができるんじゃないかな」

後日、「国語は平均越えてしまいました。すみません」と頭をかきながら、まんざらでもない様子で、試験のでき具合を報告した。それ以降の登校が順調であったのは、言うまでもない話である。

不登校に見るセルフ・コントロール不足の問題

H男とは対照的に、セルフ・コントロールを獲得し損なった子どももいる。この場合は、セルフ・コントロールを身につけさせることを意識する。また、小学生の中学年程度までは、セルフ・コントロールは、十分に獲得されていないのが普通である。そこで、低年齢の子どもの場合も、不登校期間中に、セルフ・コントロールの育成を意識したいのである。

ここで強調したいのは、セルフ・コントロールの獲得のされ方である。基本的に、「我慢」は、周囲の承認、賞賛から培われる。そして、「頑張り」は成功体験から培われる。両者の獲得のメカニズムを、頭に入れておいてほしいのである。

「我慢」は、しつけが基礎をつくる。だが、ただ我慢させればよいというのではない。「したいことを、あえて行わない」ことは、多くの場合、周囲がその我慢をほめ、認めることで培われる。重要な他者から、自分の欲求を上手に抑制したことを認められること、ほめられることが大事なのである。つまり、重要な他者からの肯定的な評価が、「我慢」の力をつけさせる。

一方、「頑張り」は、成功体験で培われる。成功体験とは、自分の成長を確認した体験である。これは、「頑張れ」と励まされることで身につくのではない。その頑張りが結果に結びつき、「できるようになった」と思うことが大事なのである。「できるようになった」と思えること、成功体験は、過去の自分と現在の自分を比較して、成長が意識化されたときに生じる。つまり、自己評価が「頑張り」の力を育むのである。

このように、「我慢」の獲得には、他者評価が意味を持つ。「頑張り」の獲得には、自己評価が意味を持つ。しかし、「頑張り」に他者評価が不要かと言えば、そうではない。何かに成功したとしても、そのことを確認し、喜ぶ者がいなければ淋しい。過去の自分を回想させ、自分の成長を意識化させたときに、誰かが傍らにいて、その成長について、客観的にフィードバックされた方がよい。つまり、「〇〇できるようになった」と、絶対評価を与え、言語化する者が必要になる。

このように「我慢」も「頑張り」も、傍らにいる者が、関わることが重要になる。子どもの成長を見届けながら、我慢をほめ、認め、成長をしっかりと見届けながら、その成長を言語化して一緒に喜ぶ。これがセルフ・コントロールを獲得させていく基本である。

漫画の色塗りが果たした役割

不登校問題の回復では、だんだん学校に近づくなどの形で、小刻みに登校行動を強める働きかけが多い。そのようなときにも、セルフ・コントロールを育むことを意識するならば、基本的に本人を認め、ほめ、その一つひとつの乗り越えを、どのように成功体験だと感じさせるのかが重要なのである。

【事例】漫画の色塗りでステップを確認

I男の登校しぶりは、二年生のときからだった。いく分肥満気味で口下手だった。勉強も運動も苦手で、仲間との関係も希薄だった。I男の不登校は三年から本格化し、筆者が関わったときには、二か月ほど経過していた。友だちと会うのが恐くなっていて、友だちが下校した時刻以降は外出したくない……とのことだった。

母親自身も口下手だった。わが子にどのように接したらよいのかがあまりわからず、体調不良を訴えると学校を休ませはするものの、病院に連れて行くのでもなく、ただおろおろとしていた。

筆者は本人の好む漫画を聞き出し、その漫画を大きな画用紙に模写して、自宅を訪問した。そして、「一度に学校に行くのは大変だよね。学校に一気に行かなくてもいいから、だんだん学校に近づくのってどうかなあ？　難しいかなあ？」と提案した。
最初の週は「アパートの階段の下まで」、次の週は「アパートの敷地の外に出るまで」……という具合に、一週間刻みで、次に到達する場所までのステップを定めた。新しいステップに進むときに、筆者は家庭訪問し、母親と一緒にこれらの課題をこなした。これは、二日目以降に、母親が本人と課題をスムーズにこなせるようにと配慮したことでもあった。

筆者の持参した大きな画用紙に描いた漫画は、玄関に貼り付けた。そして、その日の課題が済むごとに、一色だけの色を、母親と一緒に塗るようにした。一週間連続で課題ができると、新しい漫画を描いて筆者が持参した。すべての色が塗られた漫画は、I男のものとなるからである。

途中で、先に進めず停滞したことが数日あったものの、校門までの登校は、この関わりで順調に展開していった。校門から先は、担任が出迎えてもらい、別室登校に導くまで、この関わりは継続された。教室に入った後は、ほめること、認めることがI男に必要という事例理解を、担任が十分に了解して関わった。筆者が関わってから二か月ほどで、I男は順調な登校になっていったのである。

この漫画への色塗りの作業は、母親が子どもの登校に向けて頑張る姿を傍らで認め、ほめる機会を与えやすくすることを意図したものである。この形にすれば、自然に「よくできたね」という言葉は出やすくなる。口下手の母親なので、仮にうまく言葉で表現できなくても、この作業がその意味を持つ。

母親は、子どもと一緒に漫画に塗る色を決定して、色を塗った。この色塗りには、四、五分の時間がかかる。この時間を共有するだけで、その日の課題をこなしたことの確認になる。そして、一週間の努力が、新しい漫画の絵の獲得という、新たな希望を生み出すのである。

治療の発想と教育の発想

前章で、学校への復帰や、社会に出て行くまでに時間が必要な場合では、「せっかく不登校になったのだから」と考える必要性を強調した。今回述べたセルフ・コントロールも、不登校の期間の中で、育んでおきたいのである。これは、「治療」ではなく、「教育」の発想である。

「治療」は、元の元気な状態に戻すことである。治療では、原則、元の状態、原点に復すればよい。大人の不適応の問題ならば、元の状態に戻ることを意識すればよい。たとえば、大人の職場拒否ならば、職場に復帰し、社会生活を営むことだけを目指せばよいのである。

しかし、子どもの心理的な問題では、教育の発想が必要になる。これは、不登校の問題に限らず、子どもに関わる場合に原則として必要になる発想である。なぜなら、子どもとは、発達の途上の存在だからである。マイナスから原点に復するまでの期間に、同世代の子どもたちも成長を続ける。復帰していく場が同世代の場であるなら、そこは原点とは違う一歩進んだ世界である。

また、発達途上であるからこそ、先々を見通して、その子どもの年齢段階に必要と思われる体験を与える必要も出てくる。たとえば、生活空間を広げることや学力の保障なども、それぞれの年齢段階で体験しておいた方がよい。その体験が、先々の人生で役立つ、対人関係の能力や、知識や思考力などを獲得させるからである。それゆえに、子どもの問題では、さらにプラスとなるものを積み上げる教育の発想が求められるのである。

コラム5

緊張を和らげる心理治療技法

緊張や不安を和らげるには、緊張や不安を感じそうな場面で、安心していられることである。緊張を和らげるには、「安心していられる」方法を身につけ、不安や緊張を感じる場面で、応用できればよいことになる。このような不安や緊張を和らげるものを、「逆制止（counter inhibition）」反応と呼ぶ。また、これによって、不安や緊張を消すことを「脱感作（desensitization）」と呼ぶ。たとえば、筋肉を緩ませながら、緊張や不安は感じられない。ゆったりとした呼吸、とくに息をゆっくり吐き出している人で、緊張を感じる人も少ない。また、無邪気に遊んでいるときにも、不安や緊張は感じない。「心配で食事が喉を通らない」と言うが、食事や水を飲んだ後には、緊張や不安が減る。

このような逆制止反応を積極的に活用して、緊張を緩和させる心理治療技法がある。たとえば、「筋弛緩法」は、筋肉の緊張を緩める方法である。同じような意味で、筆者自身は「動作法」の「とけあい技法」を用いることが多い。「呼吸法」や、「自律訓練法」と呼ばれる自己暗示を応用した心理療法もある。これは、古来行われている座禅やヨガと共通した効果がある。「遊戯療法」にも、緊張を緩和させるという意義が含まれている。

そこで思い出すのは、若いころ、統合失調症の高校生が、相談室に担ぎこまれたときのことである。緊張病と呼ばれる強い緊張状態を示していた。その相談室には、病院臨床経験の豊かな先輩カウンセラーがいた。そのカウンセラーはカステラを切り、その高校生に優しく食べさせた。相談室に現れたときには、歩くこともできなかったのだが、カステラを食べた後は、歩くことができるようになった。食事そのものと、食べさせるというカウンセラーの保護的な関わりが、わずかだが緊張を和らげたのである。心理療法は、不安を和らげる技法の宝庫ではあるが、技法は臨機応変に使ってこそ、意味があるのである。

第12章　再登校期　だんだん学校に近づく

再登校への二つの方法

再び学校に戻るには、大きく言えば二通りある。と言うよりも、二通りしかない。だんだん学校に近づくか、ひと息に入るかである。多くは、この両者が組み合わされる。当然のことだが、一挙に学校に入る方法は、負担が大きい。不登校の期間に、コーピング・スキルが十分に形成されない場合や、学校側の受け容れ体制が十分でない場合には、失敗しやすいからである。その意味で、周囲で関わる者は、だんだん学校に近づく方法を勧めるほうが無難だろう。

もちろん、「だんだん目標に近づくことは性分に合わない」と思う子どももいる。そこで、子どもに関わる者は、ひと息に学校に入る方法と、だんだん学校に接近する方法があることを示す。

そのどちらをメインにするのかは、子ども自身に選択させる。その上で、具体的な手段についてじっくり話し合う。

再登校の手段、方法を選ぶのにあたって、過去に何度か試みたことがあれば、その体験は生かしたい。どのようなことができたのか、どこからが大変だったのかを尋ねる。負担なくできたステップまでは、同じことをすればよい。しかし、大変になった段階からは、それとは異なった方法を探す。

再登校をコーピング・スキル獲得の機会として生かす

さて、再登校は、不登校を味わった子どもにとっては、人生の一大事である。どのような場でも、久しぶりにどこかを訪れるときは、その敷居は高く感じる。まして、不登校は、学校で不快なことと出会った体験から起きるので、学校の敷居はなおさら高い。

一方、学校環境は、時間が推移するのに従って変化する。たとえば、学級内の人間関係も変わる。元の学級に戻るにしても、そこでの人間関係の変化は激しいので、最初から仕切り直しをすることに近い。学業も先に進み、学習の保障がなされなければ、学校の学習進度に追いつくのも容易ではない。学校側が不登校の子どもをどれほど受け容れようとしても、学校復帰そのものは、大きなストレスがかかる出来事である。

だからこそ、これまでの章で述べてきたように、不登校の期間中にコーピング・スキル、つまりストレスに対処する力をどこまで育めたのかが、学校復帰の成否を分ける。学校復帰にはストレスがかかるからこそ、事前にそれを乗り越える力を育てておくのである。

一方、再登校の課題を進めることそれ自体も、コーピング・スキルを向上させる格好の機会になる。ただ再登校させるのではない。そのプロセスで、本人に獲得させたいコーピング・スキルが何かを見極め、それを強めるチャンスとして生かしたいのである。

継時近接法の実際

不登校の問題を克服する上で、だんだん学校に近づく方法を、行動療法では「継時近接法」とか「シェーピング」と呼ぶ。これは、大きな目標に向かうときに、目標を小刻みにし、小さいステップを重ねることで、だんだん目標に近づく手法のことである。踊りや茶道などの作法を覚える場合でも、一気に覚えられるものではない。いくつかの段階に分けて、部分部分を完成させて、その踊りや作法を覚えていくであろう。これが「継時近接法」である。

「継時近接法」は、不登校の問題の解決技法では珍しくはない。学校関係者なら、経験的に行っている方法であり、学校復帰に向けた別室登校も、「継時近接法」のステップの一つである。また、各地にある適応指導教室も、ステップの一つである。

しかし、一言で、だんだん学校に近づくと言っても、物理的にただ学校に接近すればよいものではない。その子の社会適応にあたって、あるいは人生を送るにあたって、必要なコーピング・スキルは何かを意識しながら、再登校の手段を定めるのである。

たとえば、セルフ・コントロールを育成したい場合があるだろう。このときには、できていることと、できたことを意識的に評価する。ここで大事なのは、ステップが進んだ場合はもちろん、現状維持の場合でも、それを評価することである。「がんばっているよ」「しっかり続いているね」と、現状を承認し続ける。

筆者がよく用いるのは、現在できていることをさり気なく指示して、それが続いていることをほめてしまう方法である。たとえば、「今、何時に起きている?」「九時」「うーむ、九時ね。毎日が日曜日みたいなもんだから、それでいいかもね。それが続くといいね……で、起きてから何をするの?」……という具合である。「それが続くといいね」が指示である。

そして、次回会ったときに、起床時刻を確認して「九時? 九時に起きることは続けているんだ。前にそれ続けたらと言ったの、覚えてる?……覚えてない……でも、たいしたもんだなあ、生活リズムが一定してるなんて」とほめてしまう。

また、アクセントをつけるつもりで、ときにはゲーム仕立てで目標を設定するときもある。たとえば、「授業中に誰にも見られないように、職員室の前まで行ってみよう」「校門を、誰にも気がつかれない程度に削っておいでよ」などと、スパイ作戦のようにするときもある。怖さをスリルに置き換えれば、それは面白味のあるイベントになる。これは、長い期間をかけて学校に近づくときに、マンネリにならない程度の意味しかない。だが、どれほど真剣な場面でも、どこかに余裕がほしいものである。

継時近接法と現実脱感作法

一方、事例によっては、他者に対する不安や緊張が強い場合には、安心して他者とつき合う体験を、再登校のプロセスでも味わえるように配慮する。実は、このように不安や緊張を軽くすることを目的としてだんだんステップアップしていく方法は、行動療法では、「現実脱感作法」と呼び、「継時近接法」と区別する。

「現実脱感作法」では、不安や緊張を下げる反応を獲得させながら、不安や緊張の低い場面から、安心感を味わうことを繰り返す。そして、不安や緊張が下がってきたら、より困難な場面に進む方法である。

たとえば、水泳で高飛び込みをしようとするときに、最初から数メートルもの上から飛び込める人は少ないだろう。水面ぎりぎりから飛び込むことを始め、慣れるのにつれて、次第に高い場所から飛び込むように移していく。これも「現実脱感作」の一種である。

筆者は、「継時近接法」と「現実脱感作法」とでは、強調点が違うだけで、それほど大きな違いはないと考えている。行動療法の理論では、両者をまったく違うメカニズムによると考えているのだが、実際には、現実脱感作法にも、継時近接法のメカニズムやソーシャル・スキルを高める機能が混在している。少なくとも、実務的には、両者の違いは獲得させたいコーピング・スキルの違いだと理解した方が、柔軟に技法を使えるように思う。

さて、不安や緊張を軽くすることを目指すときには、「一歩前に進んだけれど、大丈夫だった」「自分を大切に扱ってもらえた」という感覚に注目する。そして、各ステップでその感覚を味わえるように配慮する。

人と会うのを避ける子どもの場合は、総じて人に対する不安や緊張が強い。そこで、そのような場で「大丈夫だった」との感覚を味わわせることが眼目である。その体験が多い子どもほど、他者に対する不安や緊張が少なくなる。そこで、各ステップの中で、安心して他者とつき合い、他人の中で自分らしくいる体験を重ねるようにする。

このような場合、各ステップに、自分に向き合ってくれる誰かがいて、その誰かとゆったりとした時間を過ごす必要がある。友人と会うにしても、本人が安心できる仲間でなければいけない。そして、安心のできる仲間と安心のできる場でつき合うことを繰り返す。そのプロセスが、不安や緊張を下げていくのである。

現実脱感作法の実際

[事例] 対人不安を和らげる担任の関わり

小学校六年J子の場合は、四年生のときのいじめられが、不登校のきっかけだった。その後精神不安定となり、一時期、医師から投薬を受けるほどに緊張や不安が強かった。硝子細工のような繊細な子だった。

小学五年生のときに、担任の家庭訪問を続けたことが功を奏したようで、J子が学校に復帰したいという希望が出されたのは、小学六年生になる春だった。「学校に順調に通うことはできないかもしれないが、どうすればよいのだろうか……」との相談が担任からあった。聞けば、人の気配すらも恐がり、担任以外には誰にも会えなかった。そこで、誰にも見られないですむ別室を確保した。そして、最初は担任の空き時間だけ、学校でJ子と関わることにした。週に一度の登校だったが、最初から休むことなくJ子は別室を訪れた。担任は、本人が望まない限り勉強はせず、もっぱらJ子のしたいこと、たとえば絵を描くことや、手遊びや、ちょっとしたゲームをして過ごした。ほどなく、担任がいない時間も、週に半日を過ごせるようになった

担任は女性だったので、筆者は簡便な動作法を教えた。担任は、機会あるごとに、身体接

触を通してJ子にダイレクトな安心を与えるようにした。その甲斐あってか、担任が時間をつくれない曜日以外にも、別室に来るようになっていった。

しかし、J子が学校関係者の気配を気にし、安心してその場にいられるような感じには、なかなかならなかった。また、担任に対しても緊張感が見られ、家庭で見せていたリラックスした顔は見られなかった。

J子は、毎回、担任と会うたびにお土産を持参してきた。このことにも、その不安や緊張が現れているようだった。お土産は、「人に何かを与えないと、嫌われるのではないか」との恐れと不安を表していると、筆者には思われた。

半年近く経過しても、お土産はなくならず、かえって自作のケーキなどの華美なお土産へとエスカレートした。そこで、筆者は担任と話し合い、別室登校ができなくなる恐れがあるが、新しいステップを、J子がお土産なしに担任と会えることにした。念入りに台詞を打ち合わせし、J子と保護者に、お土産がない方が、担任の気持ちが楽だということを伝えた。

案の定、J子は別室登校ができない状態に戻った。筆者は担任に、それからもJ子のための時間は、その別室で待機するように助言した。担任はその時間別室で待ち、別の時間に彼女が登校する場合を考えて、置手紙を残した。その置手紙は、翌週になると、諸連絡と一緒に自宅に届けた。

その後、結局四か月ほどは、J子は現れなかった。年が変わった三学期の後半になってから、J子は再び別室に現れた。そして、あたかも四か月の空白がなかったかのように、前回の遊びの続きを楽しんだ。遊びの内容は変わらなかったが、担任の印象では、「肩の力がすっと抜けたようだ」とのことだった。

そして、三月末になって、ようやく他の教師と会うことができた。仲間の卒業式には遠くから眺め、放課後に、級友がいない教室で、他の教職員たちと一緒にJ子だけの卒業式が行われた。J子は自分をいじめた仲間の進学する学校ではなく、別の中学校へ進んだ。

進学先の中学校では、幸いなことに友人ができ、何事もなかったように学校生活を楽しめるようになった。

J子の場合、いじめられ体験があった。そのために、対人不安や緊張がとても強く、それを和らげることを主眼とした関わりを行った。学校はいじめを受けた環境だけに、別室登校とはいえ、J子が簡単に安心できる環境ではなかった。そのために、担任以外の学校関係者と会うのを、頑なに拒んだのである。

そこで、だんだん学校に近づく過程の中で、「人と出会っても大丈夫」との体験を重ねることを主眼とした。しかし、別室登校を続けても、J子の人への恐さはあまり減らなかった。それがJ子のお土産に表れている。これは、「自分を責めないでね」というメッセージのようであった。当然、担任は最初に軽く断っている。ただ、関係が進めば、お土産は影を潜めるだろうと期待し、お土産を停止しないまま半年が過ぎたのである。

しかし、お土産がエスカレートするので、次のステップをお土産なしで会うことに置き、お土産の持参を断った。このときに大切にしたのは、「お土産の有無ではなく、無条件に本人と向き合う人が学校にいる」ことだった。それを示すために、担任には、空き時間を、現れない本人のために使い、置手紙を書き続けた。

このステップを越えたことが、本人の対人緊張を和らげるために、大きな働きをした。遠くから仲間を眺め、他の教職員と教室に入っての卒業式というステップを経て、中学入学と順調な登校へと、その後の展開は劇的なものになっていったのである。

無理をさせない・先に進まない

現実脱感作法でも継時近接法でも、共通に大事にしたいことがある。それは、「無理をさせない」ことである。子どもが先走りたいのをストップさせるくらいがちょうどよい。順調な場合でも、「急がなくてよい」「自分のペースで」「無理をしないで」と、少しだけ後ろに引っ張るのが、ほどよい関わりである。

また、J子の事例で紹介したように、だんだん目標に近づきながら、ある時点から先に進まずに停滞してしまうこともよくある。このとき、周囲でかかわる人が、「教室に入れれば成功で、先に進まないことは失敗である」かのように考えるのは慎みたい。

一度家庭まで後退し、そこからだんだん目標に近づいているような事例ならば、なおさら現状を打破したい気持ちが子どもの中にある。そこから先に一歩進むためのコーピング・スキルの何かが不足しているので、そこで停滞せざるをえないのである。そこで苦しいのは周囲ではなく、子ども自身なのである。

このような場合、「先に進もう」と促すのは得策ではない。「そのままでいいから、そこに留まっていよう……」「君は十分に頑張っている。それでよい」と現状を強く肯定する。そして、その段階に留まって、その子に必要なコーピング・スキルを探し、それを育むようにするのである。停滞している場が教室の近くであれば、教師など、学校側が関われるチャンスも増える。J子の場合のように、その関わりの中で、コーピング・スキルを育めるのである。これは得難い機会だと考えたいのである。

第13章 再登校期 ひと息に学校に入る

ひと息に学校に入ること

前章は、だんだん学校に近づく方法について述べた。本章では、ひと息に学校環境に入る方法について述べよう。

ひと息に学校に入ることとは、家庭から学校に一挙に進むときだけの話ではない。だんだん学校に近づく場合でも、別室登校などで、しばらく教室の近くに留まることがある。その後で、ひと息に先に進むことがある。このときも、ひと息に先に進む点では同じである。

ひと息に再登校する方法がうまく働く理由は、次のように考えられている。

これには、大変な勇気と緊張が伴う。それだけ大変なので、実際に環境に入ったときには、

「想像以上に大丈夫だった」と感じやすい。この大丈夫だったという感覚が、それ以前に感じていた緊張や不安を一気に引き下げるのである。また、これは「この課題を乗り越えた」という感覚をもたらす。それが成功感となって、再登校後の適応を後押しするのである。

再登校と子どもの構え、姿勢

ひと息に学校に入る場合では、子どもの中で目標に飛ぶことが煮詰まらなければならない。「思い立ったが吉日」と言うが、ひと息に飛び込む機運が生じるまでは待つ。それまでは、前章に述べてきた、ストレスに対応できる力、つまりコーピング・スキルを育みながら待つのである。周囲の人たちは、心の底では期待しながら、その間に、ひと息に飛ぼうとするときに必要な構えや姿勢を育てる。なぜなら、課題に対する子どもの考え方や構えが、事の成否を分けるからである。

ここで必要な構えや姿勢は、不安や恐怖など不快な感覚と対決することではない。それでは、再登校への緊張が強くなるし、仮に成功しても、対決姿勢では長続きしない。いつまでも対決姿勢を取り続けることは、緊張し続けることであり、それではエネルギーが続かない。つまり、「克己心」のようなものでは、不安や緊張を最終的に抑えることはできないのである。

また、ここでの姿勢、構えは、不登校の辛い状況や、別室登校の中途半端な状況から逃げ出すために、教室に戻るようなことでもない。これでは、「進むも地獄」「退くのも地獄」という状況になる。当座しのぎで学校に飛び込むに過ぎないわけで、登校が長続きするはずもない。

一方、これは、学校に入って辛い場所に慣れるために、じっと我慢することでもない。学校は修行する場ではないし、子どもは修行僧ではない。学校とは、現世を渡って行く術を教える場であって、学校にいることを我慢することは、「現世は辛いものだ」と教えることにほかならない。学校は、現世を生きやすくするために通うところではなかっただろうか。

登校の際に必要な構えとは

では、ひと息に学校に入ることに成功しやすい構えとは、どのようなものだろうか。それは、不快感や恐れに対してニュートラルでいることである。不安や恐れに、そのままずっと向かい合う感じが大事である。再登校で、不安や恐れなどがあるのは、当然なのである。「その不快感と一緒にいよう」という感覚で事に臨む。このことが、不安や恐れとつき合うための基本的な構えである。

そもそも、登校によって、一挙に苦痛が消えるわけではない。時間が経っても、苦痛がまったく感じないようになるのでもない。大騒ぎせず、苦痛をすっと引き受ける。そのような感じで、事に臨むのがよい。学校の中で、自分が一体どのような苦痛があるのかを、じっくりと感じ取るつもりで入る。「どうなるのか試してみよう」という感じである。これが、一番、結果がよい。だが、この構えを、どうつくっていくのだろうか。

予行演習をする

一つには、予行演習で、この構えをつくっていく方法がある。これは、だんだん学校に近づくときにも利用できる。要は、次のステップに向けて、そこで起きそうなアクシデントを想像させ、予行演習をする方法である。

この手法は、子どもとの関係が相当によく、子ども自身もその課題を乗り越えたいと真剣に考えている場合に限られる。そして、本当に先に進みそうなときに行う方法である。この方法は、子どもに負荷をかけるので、導入には、十分な配慮と慎重さと、子どもとの磐石の人間関係が前提になる。

それは、次のように行う。まず、実際に先のステップで起きそうなことを想像してもらう。そのうち、最悪の事態を想定させる。それらは、友人から皮肉を言われた場合や、いじめっ子と出会った場合である。これを想定させ、そのような場で、どのように振る舞うのかを尋ねる。そして、ロールプレイングやイメージリハーサルを用いて、予行演習する。

この予行演習は、実際の場で実行できるだけの自信、自己効力感を培うために行うものである。

予行演習をして、予行演習の中で擬似的に成功体験を味わう。こうしておけば、余裕をもって現実に臨めるのである。

予行演習の実際

【事例】不登校の理由を聞かれたら

小学六年生のK男は、学級で孤立したことから、一学期の末に不登校になり、夏に相談室に訪れた。家庭が自営だったので、二学期の間は、家業を手伝い、店先で接客などもするようになった。二学期の終わりには、級友と自宅周辺で遊ぶなど、だいぶ元気になった。

冬休み前の面接で、K男の方から、三学期の最初に「思い切って教室に入ろうと思う……けど……」と、自信がなさそうではあったが、再登校の提案がなされた。そこで冬休み中に二回の面接の機会を設け、予行演習を行った。

K男は、学校で友人から「なぜ休んでいたの？」「どうしていたの？」と、不登校の理由や不登校時の様子を尋ねられることを一番嫌なこととして挙げた。そこで筆者は、普通に感じている級友から声をかけられる場面と、級友の中で一番苦手な仲間から声をかけられる場面とを選んだ。そして、役割交替をしながら、どのように応答するとよさそうか、自分ができる応答の中で最高なのは、どのような応答かを繰り返し練習した。K男は、事実はごまかしてもよいこと、語る内容が大事ではなく、何かを言うことが大事だということが体感できたようだった。その上で、冬休み中に、学校には、「三学期当初から登校するかもしれない」ということを伝えた。

冬休み明け、K男は教室にすんなりと入ることができた。担任のそれまでの学級経営の工夫もあって、学級での受け入れもスムーズだった。そのこともあってか、実際に不登校であった理由を尋ねられることもなく、自分が苦手と感じていた級友も、事前に抱いていたイメージと、実際とは相当に異なっていたものだったと報告し、卒業式まで順調に登校したのである。

K男の事例と同様、多くの場合は、予想したほどに困難な事態が起きるものではない。したがって、現実の場面では、より余裕を持って事態に対応しやすくなる。このことが、子どもに自信を与え、不安や緊張を弱めるように作用する。また、K男は、予行演習の中で、戸惑うことや、難しい事態の切り抜け方を学んだ。これこそ、ストレスに対処する力、コーピング・スキルを豊かにする働きかけの一つでもある。

しかし、事例によっては、想像するだけで、不安や緊張が高まってしまう恐れもある。そのような場合には、現実にはそのステップまでは進めないと判断し、実行に移さないように勧める。想像ですら難しいことは、現実にはより難しく感じるはずだからである。その場合は、先に進まず、現状のままでよいとする。そして、困難な課題に挑戦したことを評価して、予行演習を終える。

失敗してもよいように工夫する

さて、前章で、だんだん学校に近づく場合に、カウンセラーなどの援助をする側が大事にしたいこととして、筆者は「無理をさせない」ことを強調した。同じように、ひと息に学校に入る場合でも、強調しておきたいことがある。それは、「失敗してもよいように工夫する」ことである。具体的には、次のようなコツがある。

基本的に無理をさせないことでは、だんだん学校に近づく場合と同じである。「頑張ろう」とか「しっかりね」などの励ましも不要である。

登校の日時を約束することも控えたほうがよい。約束をするなら、「いつでもよい」とゴーサインだけを出す。本人が登校日を宣言しても、それを決定的な約束としない。「そうできたらいいね。だけど、無理しなくていいからね」というスタンスでいる。たとえば、「無理しなくていいんだよ」「どのように感じるのか、試してみよう」「いつでもいいんだからね」という台詞を、筆者はよく使う。

関わる側には、以上のようなスタンスで、これに似た台詞を用いてゆったりと構える。登校は、命を取られるような場所に行くことではない。「たかだか学校に行くことなのだ」という、大人の態度でいる。

また、安易に期待を表明しないようにしたい。周囲の期待が高ければ高いほど、緊張感が高まる。そのために、辛いことをそのまま受け容れようとする構えがつくられなくなるからである。また、周囲が期待した場合ほど、万一目標に向かって飛べなかったときに、自分に期待してくれた者に「申し訳ない」という気持ちが起きやすい、ということもある。期待されて失敗したとなると、失敗感、敗北感を必要以上に味わう。この気持ちが強くなると、援助をしてきた者に「合わせる顔がない」とすら思われてしまう。こうなると、そこまで長い時間をかけて培ってきた援助・被援助関係を損なうことにもなりかねないのである。

思春期の子なら、後ろに心持ち引っ張る

とくに、他人の思惑を気にしやすい思春期以降の子どもの場合は、何かの課題を乗り越えるときには、心持ち後ろに引っ張るくらいがちょうどよい。「まだ無理なのではないかなあ」「失敗したっていいんだからね」などの言葉を、筆者はよく使う。登校に結びついてくれれば、嬉しいのはやまやまである。しかし、本人のくじけそうな部分、失敗を恐がる部分に働きかける。そして、「決して無理してまで、先に進まないようにね」というニュアンスのことを述べる。これが心持

ち後ろに引っ張ることである。

これを行うのは、思春期から青年前期の年齢の子どもの場合、信頼する大人を出し抜いて期待された以上のことができたとき、一番嬉しく感じる傾向が強いこともあるからである。多くの場合、周囲の期待を上回ることが無上の喜びになる。そこで、一番厳しい課題に進もうとするときこそ、あまり期待していない素振りを見せるのである。

このような場合では、登校に成功しても、無邪気に喜ばない。嬉しそうな顔はするが、「無理していないかい？」と半分真顔で心配する。大人を出し抜きたい子どもは、その応じ方が嬉しくてたまらない。「先生、大丈夫だってばぁ」と、順調に登校を開始したことをアピールする。

思春期以降の年齢では、多くの事例で自立がテーマである。自立とは、自分で巣立つことが基本である。自分で巣立つために、「自立しなさい」と周囲が追い立てて自立した自立は、本当の意味で自立ではない。「自分で立て」と言われて立ち上がったのは、自分で立ったことにはならないのと同じである。自立を願いながらも、「まだ早い」と子ども扱いすることが、本当の意味での自立を達成するための必要条件なのである。

「できたらいいね。でも、まだ早いのではないかなぁ……」と言われると、「出し抜いてやる」と思う。「止めてくれるな、オッカサン」の世界である。引き止める母親がいるがゆえに、子どもは安心して自立するのである。

たかが再登校、されど再登校

もちろん、どれほど順調であっても、予定通りに物事が進行するわけではない。何事も、予想外のハプニングが起きるのが普通である。再登校にしても同じで、子どもができるつもりでも、実際には難しいこともある。また、学級のメンバーが、再登校した子どもをすんなりと受け入れるかどうかも、不確定要素が多い。

子どもが先に進もうとして失敗した場合は、辛い思いをさせたこと、それを予見できなかったことなどを含めて、すべて、関わる側の責任とする。そして、子どもに頭を下げる。謝罪をする。事前に、失敗をしてもよいように工夫した場合でも、「そうだった？　嫌な思いして、辛かったねえ。無理かなあと思っていたんだよねえ。でも、ごめんね。もっと無理だときちんと引き止めればよかったかなぁ」というようなニュアンスで語る。

しかし、謝ると言っても、大きな挫折をさせてしまったかのように大仰に謝る必要などはない。たかだか学校に行くということなのである。再登校させるのにあたって、再登校したら成功で、そうでなければ失敗などという切迫した雰囲気は避けたい。再登校で一喜一憂せず、でんと構える。「せっかく学校に行っていないのだから、それでしかできないことをする」というような発想、そのような覚悟と開き直りを基本的に持ち、大きく構える。

しかし、それは、「登校を願わなくてよい……」と言い切れるほど簡単なものでもないだろう。

子どもが自宅に蟄居して、一年が一日のようであり、また一日が一年のように長くも感じられる。そのような時間を年単位で過ごしてしまうのだとしたら、それは不幸なことである。同世代から置いていかれる感覚を持ちながらも、それを越えて、毎日を充実して過ごさせることは、普通の家庭環境ではなかなか難しいのである。

原則として、不登校問題に関わる者は、その子ども自身、子どもの保護者自身が、どのような時間を不登校の時期に過ごしたいと願っているのかをしっかりと把握する。そして、その願いの本音の部分を共有する。その上で、再登校するかしないかも含めて、最終的に大きな目標を定め、関係者間で共有する。

不登校問題の解決の方向性は、この目標によってさまざまな選択肢に分かれていく。再登校はその選択肢の一つであり、決して周囲の者が手前勝手に定める性質のものではないのである。

コラム6

電子メール相談

筆者が電子メールを相談に組み込めるのではないかと考えたのは、東京学芸大学に教育実践総合センター（現在、教育実践研究支援センター）が発足した最初の年、一九九七年の秋である。これは、教師のための電話相談（soudan@u-gakugei.ac.jp）の一貫として、始めた。インターネットができて、まだ数年で、当時の利用者はわずかなものだった。

その後、一九九九年の一月から、二〇〇〇年十二月までの二年間、インターネットのホームページ上に、「あつまれ！不登校の広場」と呼ぶ不登校専用相談室を開設した。このホームページには、全国の相談窓口を紹介する「情報提供」と、全国の不登校の問題に関係する者が意見交換のできる場としての「掲示板」、そして、専門家による電子メールによる回答を書く「電子メール相談」の三つの機能を設けた。これは、インターネットによる電子メール相談として、先駆的な試みだった。

この電子メール相談には、二年間で一五〇〇を越える相談メールが到着した。筆者を一番驚かせたのは、不登校の子ども自身からの相談が数多く寄せられたことである。電話相談でも、対面の相談でも、相談の申し込みを、不登校の子ども自身が自発的に行うことは珍しい。ところが、電子メールという手段は、「相談を受ける」という心理的な抵抗感を簡単に取り除いてしまうようである。

驚いたことは、もう一つある。それは、父親の参加であった。電子メールでも、掲示板でも、父親の利用者が数多くいたのである。これも、電話相談や対面の相談では、母親が圧倒的に多いのとは違った。電子メール相談の回答は、極めて専門性が必要なものだが、対象の広がりという意味では、今の時代では、もっと有効に活用される必要があるだろう。

現在は、不登校専用の保護者、子どものための電子メール相談は受け付けていないが、この実践の後、全国の教育相談機関で、電子メール相談を開設するところが増えている。

第3部

学校として取り組む援助の実際

第14章　学級担任はどう関わるか

子どもが不登校になった担任

先日、知人の小学校の教師が、嬉しそうにしていた。かつての教え子に会うのだと言う。あまりに嬉しそうなので、事情を尋ねると、自分が担任であったときに不登校になった児童がいたのだと言う。その子の就職が決まったところで、教え子の方から「会いたい」と言ってきてくれたのだと言うのである。

「若かったんですね。一生懸命家庭訪問しました。学級の子を迎えに行かせたりもしました。……それで」先生は続けた。「その一生懸命さが、その子を追い詰めていったと思うんですね。家庭訪問をして、その子と向き合って話をしていて、ふいに暗い顔をして俯いたときがあったんですね。『こういうの…嫌か？』って尋ねたんです。こっくりと頷かれました」。その後、その子は小学校には登校することなく卒業していった。年賀状のやり取りは続き、就職を前に、担任と会うことになったのだという。

「どうすればよかったのか。教えてもらうつもりでいます。ドキドキしています」。担任は、嬉しそうで、懐かしそうで、不安そうだった。

すでに何度か触れたことだが、不登校とは、「学校が子どもに合わない」問題である。そして、不登校がなぜ起きるのかと言えば、「学校が嫌だ」と子どもが感じるからである。どう嫌なのか、何を嫌なのかは別にして、「学校が嫌だ」と感じなければ、不登校になる必要はない。このことは、学校関係者には厳しく聞こえるかも知れないが、漠然と誰もが感じている現実だと言えるだろう。

そのため、学級の中で児童や生徒が不登校になると、担任は、どこか後ろめたく、居心地が悪くなる。それは、その子どもが、「担任のつくり上げてきた学級に合わなかった」ことや、「担任の学級を嫌だと感じている」ことが、隠れたメッセージとなって伝わるからである。一人ひとりを思う教師であるほど、このメッセージを正面から受け止める。そこで、自分の学級の子どもが不登校になると、担任は傷つき、苦慮することになる。

関わり続けること

不登校の初期段階や不登校傾向が見られている段階ならば、子どもの視線で学校環境を見直す。そして、その子どもが不快に感じている要因を見いだし、学校側の問題解決を急ぐのはよいだろう。学校環境の調整は、教師にしかできないことである。

しかし、教師が登校を急ぐのは避けたい。教師にとっては、学級を嫌う子どもがいる現実が、担任の至らなさを暗々裏に照らし出すような気がする。熱心な教師ほど、不登校の問題を正面から解決しようとする。登校を急ぎがちになる。そのことが、子どもへの圧力になる。

だからといって、「見守る」ことも、安易には勧めたくない。そもそも「見守る」対応は、登校を急ぐ保護者に勧める対応である。保護者が登校を急ぐと、子どもと保護者の関係が悪くなりがちである。その関係悪化によって、子どもが傷つく。その結果、登校への緊張感や不安が強まる。結果として不登校の問題が悪化する。これを避けるために「見守る」ことが強調されるのである。

ところが、「見守る」ことは難しい。どうすることが「見守る」ことなのかは、わかっているようでわかりにくい。「見守る」ことを目指すと、そのつもりはなくても、通常は、「心理的にどの程度の距離を取るのが適当なのか」がわからなくなる。子どもとの関係が混乱する。多くの場合は、関わりを手控える。ときに、見ることに一生懸命になり、監視するかのようになる。この二つの対応は、不登校の問題を悪化させ、長期化させてしまう。

それでは、どうするのがよいのだろうか。教師は、子どもに拒否されない限りは、基本的に関わり続ける。これが大原則である。先ほどの小学校教師も、関わり続けたことは、大いに評価できる。関わり続けたからこそ、大人になった教え子と、担任は会えることになったのではないだろうか。

子ども自身と会い、関係を広げ、強める

もちろん、ただ関わりさえすればよいというのではない。先ほどの担任の場合、より望ましい関わりはあったのだろうか。限られた話なので改善点を見いだすのは難しいが、問題点の第一は、担任自身の「若かった」の一言に象徴されるように、担任が不登校の問題を解決しようと急いでいたことにありそうである。

たとえば、学級の仲間を迎えに行かせることは、原則として勧められる方法ではない。不登校の子ども自身が納得し、自分が学校に行く励みとなる友だちを選択したのなら、その指名された子が迎えに行くのはよいだろう。だが、本人の思いを確認せずに、友だちに迎えに行ってもらう形になってはいなかっただろうか。そうであるなら、担任自身の「登校させよう」と焦る気持ちが、級友を通じて不登校の子どもに伝わる。そして、これは想像ではあるが、子どもに会うとき

に、「登校」が主たる話題になったかも知れない。こうなると、担任の家庭訪問は重荷になる。登校を目指して、「先生ができることはないだろうか」という言葉が、繰り返し語られたのかも知れない。

大事なことは、登校するか否かの結果ではない。担任との関わりの中で、担任との関係の結びつきを強くすることである。担任の魅力で、子どもを学校に惹きつける。これが目指すことである。学校の中の存在としての担任に、魅力を感じてもらう。このことが子どもに、学校に再接近していく大きな動機付けを与える。

つまり、担任としては、「不登校の○○くん」「不登校の××さん」に会うのではない。担任は、担任をしている子ども自身と会う。「○○くん」「××さん」自身と会うのである。その子どもと、よりよい人間関係を結び、学校と子どもを繋ぐ関係の糸を太くする。級友を動かすのなら、不登校の子ども自身が級友との関係の糸を結び合いたいかどうかを確認し、その級友と本人との関係の糸を結び合いたいと思わせ、その機会をつくることである。それが担任の行えることである。つまり、登校を目標とせず、学校の中の人間として、子ども自身と会い、本人の人間関係の糸を増やし、その糸の結びつきを強めることを目標とする。

では、「登校を促さなくてもよいのか」と言えば、その通りである。表立って、それをする必要はない。担任は「連絡帳や課題を届ける」「手紙を書く」「電話をする」「家庭訪問して会えなくても置手紙をする」「家庭訪問をして保護者に会う」「家庭訪問をして子どもに会う」などのことをする。これらのこと、その一つひとつが、「学校に来られるものなら、来てほしい」というメッセージである。これらの動きに対して、子どもに抵抗感がなく、担任に余裕がある限り、これらの活動は諦めることなく継続した方がよい。そのように足繁く通う担任を見て、「一体、何のために担任が来るのか」が理解できない子どもはいない。小学校一年生であっても、学校、教師というものをわかっていれば、担任のこれらの関わりの意味を理解できない子どもはいないはずである。

第15章 学校内で担任の関わりを支える

不登校の子どもを担任することの苦しさ

不登校の状態の子どもに関わる担任が、一定のペースを守って継続して関わるのは難しい。担任にとって、不登校の児童・生徒への関わりは、通常の教育活動から見れば余分な仕事である。しかも、その関わりを続けたからといって、不登校が解決する保証はない。いつまで続くかわからず、成果がないかも知れないと覚悟を決め、安定した関わりを続けるのである。このことにかかる心理的な負担は、並大抵ではない。

不登校となっている子どもを引き継いだ担任の場合、子どもに関わることは、なおさら「余分な仕事」という印象が起きる。「学校に来てさえくれれば関われるのに…」と内心でつぶやく。

そこで、関わりが自然に薄くなる。保護者からの働きかけがなければ、「学校からの連絡が滞らなければ、それでよい」と消極的になってしまう。「そうではいけない」と、自分を奮い立たせ、担任一人で不登校の子どもに関わり続ける。これは難行苦行である。学校の中の仕事が増える中で、担任が単独で関わろうとするのは、単独でゴールの見えないマラソンをしているようなものである。不登校の問題に関わるときに必要なのは、このような苦行に耐える持久力であるかも知れない。

担任を支える者の必要性

この担任の苦しさを和らげるためには、学校の中に担任を支える者が必要だろう。担任がほしいのは、一人の子どものことを思い、継続的に努力を続けている担任を、心理的に支える存在である。そこでかかる心理的な負担を軽くしてもらえることである。周囲から、努力をねぎらってもらうことである。これを情緒的サポートと呼ぶ。担任には、この情緒的サポートのできる人間が周囲にいると、どれだけ助かるだろうか。

もちろん、周囲にいる人間が役割分担をし、実際に担任にかかる物理的、肉体的な負担を軽くすることができれば、担任はもっと嬉しい。主に保護者と連絡を取る者や、子どもの学習の保障のための課題を作成する者、その課題を評価すること、課外活動や専科や教科担任で、子どもにとって別の居場所を提供できる者が、別のチャンネルを通して子どもや保護者に関わることがあったら、なおさら助かるはずである。

ときには、相談の専門機関に保護者や子どもを紹介する場合もあるだろう。学校には、その方面で顔の広い教師の一人や二人はいるはずである。また、最近では専門家として、スクールカウンセラーが配置されてもいる。これら資源が活用され、担任の動きを側面で援助する。この物理的、肉体的なサポートのことを道具的サポートと呼ぶ。

この道具的サポートと情緒的サポートの両者があれば、孤独なマラソンのような気分は和らぎ、気分も安定しながら子どもに関わっていくことができるはずである。

ある中学校の事例

思い出すのは、ある中学校の実践事例である。新任の若い女性教師が三年間かけて完全に不登校であった男子を学校に復帰させた事例だった。その子の不登校は、小学校五年生から始まっていた。家庭環境も決して恵まれたものではなく、ずっと不登校のまま中学に入学した。入学当初の一週間だけ登校し、すぐに不登校となったのである。

筆者は、報告を聞いて驚いた。部活の顧問としての活動を除いて、週二日、担任は二年間にわたって、家庭訪問を続けたからである。しかも、一年間は、完全に不登校の状態が続いた。翌年度も彼女は引き続き担任を希望した。中学二年の二学期から別室での登校が開始された。その後も、担任は家庭を訪問し、家庭学習をさせた。当然のように、中学三年もこの担任だった。この生徒の別室登校が安定するようになったのは、中学三年になってからである。家庭訪問はここで終わるが、教室への復帰は、その二学期だった。別室登校のときには、各教科担任が課題を出し、担任が採点、評価をして返すことが続けられた。

筆者は、「どうして、それだけ長い期間、この生徒に関わることができたのか」と尋ねた。聞けば、この生徒の不登校は、小学校高学年のときの担任とのトラブルが引き金だったのだと言う。この生徒自身から、「女の先生は嫌いだ」と聞き、若き女性教師は「燃えた」という。「女の先生だって、いい先生がいるってことをわかってもらうんだ」と強く思ったのだという。熱意の元は理解できた。しかし、知りたかったのは、それ以上のことである。

そこで、筆者は、その中学校の他の先生方に尋ねた。「この担任の関わりができるように、この中学は、どうやりくりしているのですか？」。管理職、その学年の教師たちは、「この担任ならできると思ったんです」「『委員会なんかはこっちがやっておくから、家庭訪問行っておいで』というのが、普通でしたねぇ、うちでは」と造作なく答えた。担任は、「そう言ってもらって嬉しかったです。心おきなく、この生徒に関われました」と笑った。教師たちから、「この生徒との関わりを通して、教師として育ってほしい」という眼差しを感じた。

この学校には、学年教師集団が生きた強力なチームとして、その担任を支えていたのである。

組織的に関わるチームが、自然に学年の中に存在していた。

生きたチームをつくり、組織的に関わる

「組織」と言われると、学校の中では、校務分掌がイメージされ、係や担当制が連想されるだろう。生徒指導・教育相談においては、学校の専門家との連携が謳われ、校務分掌上、スクールカウンセラーと連携するために、組織図のある学校は多い。公の指導組織のメンバーとしては、管理職、養護教諭、生徒指導主任、教育相談係が考えられるであろう。そして、スクールカウンセラーは、その中に位置づくはずである。それは、「教育相談係会」とか、「生徒指導部会」などと呼ぶ校務分掌かも知れない（以下、「生徒指導部会」と呼ぶ）。

ところが、生徒指導部会は、組織としての仕事の実態が不明確になりやすいのである。なぜなら、生徒指導部会の仕事は、多種多様である。また、さまざまな問題に臨機応変に動かねばならない。その活動も、学校事情により異なっている。学校事情によって活動が異なることそのものが、生徒指導部会の仕事の不明確さを端的に表しているだろう。

なぜそうなるのか。「生徒指導」の概念そのものが、すべての教師が教育活動上のすべての領域で行うという「機能概念」だからである。生徒指導は、教職員が特定の場面で行うものでも、単独で行うものでもない。その中で、生徒指導部会は仕事を求められるのである。

生徒指導上の問題では、複数の教師が子どもに関わるのが普通である。それゆえに、生徒指導部会は、個々の事例に直接に関わるチーム（以下「直接担当チーム」と呼ぶ）を組み立てることが重要になる。事例で示した学校のように、それがうまく機能している学校でも、これが意識化されていない場合が多い。それゆえに、生徒指導部会は、直接担当チームの生徒指導活動が円滑に進むように支援することが、一番重要な役割なのである。

そこで、生徒指導部会は、特定の子どもに関係する教職員を中心に、直接担当チームのメンバーを定め、各チームに事例への関わりを任せる。直接担当チームは、事例ごとにつくられる任意のチームである。その構造は柔らかく、メンバーの入れ替えも可能にする。つまり、事例の数だけ、直接担当チームがあることになる。その直接担当チームのメンバーの中に、生徒指導部会のメンバーの一部が加わる。そのことで、直接担当チームの情報が、生徒指導部会に円滑に流れるようにする。これが生徒指導部会としては理想である。

直接担当チームは、生徒指導部会に所属するメンバーの一部と、事例を抱えた担任と、学年主任や学年などの関係教職員で構成されるだろう。生徒指導部会は、事例理解と問題解決の目標の大枠を共有し、対応の大枠を定める。生徒指導部会は、その事例に必要な担任などの主要メンバーを、直接担当チームの中に位置づける。

役割分担の決定や、個々具体的な動きは、直接担当チームに任される。チームでは、事例をめぐって、チームメンバーの役割の振り分けを話し合う。これは、担任が事例を抱え込まないようにするためであり、担任の負担を軽減するためでもある。そのメンバーは、互いが行っている対応を理解し、瞬時に役割分担ができるメンバーであることが望ましい。

「共通理解」と言われるが、直接担当チーム内では、問題解決の目標、その目標に向かう上で必要な情報と、事例理解、そして互いの役割を共通理解する。しかし、個々の対応は、多種多様であってよい。大事なことは、お互いの活動をわかっていることである。対応を住みわけるのが役割分担である。これができるのが、生きたチームである。

先ほどの事例で、担任が密度濃く一人の不登校生徒に関われたのも、学年が一つの生きたチームとして機能していたからなのである。そのチームが、担任の活動を理解し、その目的を了解し、動きを信頼し、担任の仕事を役割分担して、軽減したのである。このような生きたチームがあってこそ、担任は自分の教育活動に打ち込めるのである。

カンファレンスの重要性

直接担当チームが成立するためには、カンファレンス（事例検討会）が必要不可欠でもある。カンファレンスと言っても、大げさなものではない。その事例をめぐり、関係者が、適宜、話し合うことである。立ち話程度でもよい。直接担当チームメンバー内で、どれほど多くのカンファレンスが持たれるかが、その学校の生徒指導が機能しているか否かの目安になる。その自然の話し合いが、先述の中学校の学年にはあったことは間違いない。

この話し合いでは、子どもの指導についての話し合いの場に、さまざまな立場の者がいることに意味があるからである。スクールカウンセラーが学校にいるなら、そこに加わると、なおさら意味があるであろう。個を見る専門家であるカウンセラーと、集団を見る専門家である教師とがそれぞれの専門性を生かし、カウンセラーの言う「事例理解」と、教師の言う「児童・生徒理解」をすり合わせることもできる。

また、対応や指導の適否について、話し合いもできるだろう。この機会が多ければ多いほど、教師がともに、児童・生徒理解の枠や、対応の幅に広がりを得やすくなる。この機会が多ければ多いほど、組織の中で、担任の動きが楽になっていくはずである。カウンセラーを含めた話し合いの重要性については、次章の中で、詳しく語るつもりである。

集団守秘義務について

このとき、公的な組織のチームであれ、直接担当のチームであれ、各メンバーがわきまえねばならないのは、集団守秘義務であろう。そもそもカウンセリングや心理療法では、クライエント（子ども・保護者など）から得られた個人情報は、その相談担当者とクライエント間で、秘密を前提に得られたものである。そこで、相談関係を守る上では、秘密が大原則である。

しかし、広く児童・生徒を見守り、関わる学校では、チームがその情報を共有し、教育活動に生かされることが望ましい。そこで、秘密を前提として個別の場面で得られた個人情報でも、場合によっては、チームが共有した方がよい情報もある。この場合は、チームでの情報の共有について、子どもや保護者など情報元に許可を求めるのが原則である。

だが、子どもの生命、人権を守るためや、緊急時などには、子どもや保護者など情報元の了解が得られなくても、相談担当者や担任などがチームに情報を伝え、チームで情報を共有することがある。このときに生じるのが、集団守秘義務である。

相談担当者の相談業務やチームに情報を提供した者の教育活動を妨害しないために、チームがその個人情報を共有していることを、チームメンバー以外に気づかれてはならない。つまり、チーム内で情報の保持を厳密に行い、事例の子ども自身にさえチームで情報が共有されていることに気づかれてはならないのである。

この集団守秘義務が守れないメンバーは、あっさりとそのチームから排除して構わない。機能的に動くチームからすれば、集団守秘義務が遵守できないメンバーは、安心できないからである。もちろん、虐待などの問題で、子どもの生命や安全に危険が及ぶ可能性がある場合には例外もある。しかし、よほどの危機回避の事態でなければ、第三者に情報を伝えることに関しては、チーム内で十分に論議する必要があるだろう。

生きたチームで動くとは、これほどに厳しい局面もある。それを十分に認識し、覚悟し、その高い意識が共有できねばならないだろう。

第16章　不登校半減計画の実際——早期発見・早期予防を中心に

不登校半減計画とは

筆者は、地域の教育委員会とタイアップして、三年間で不登校児童・生徒の数を半数にしようとする「不登校半減計画」に取り組んでいる。まだ、計画の途中だが、ここでは、埼玉県熊谷市の実践を紹介しよう。熊谷市は人口十六万人、小学校十九校、中学校十二校ある。二〇〇二年度、理由が不明のまま年間三十日以上欠席した小・中学生は、二一三名であった。その発生率は、小学校〇・四三％、中学校三・三三％で、全国の発生率の平均よりも若干多かった。その十年前の一九九二年度は、一〇〇名強だったので、十年の間に二倍になったことになる。

二〇〇二年度に、教育委員会は「半減」という数値目標を設定した。なぜ半減かといえば、第一に、「約十年前の水準までは、到達できるはずではないか」ということがある。第二に、教師が関われる子どもが多いことが挙げられる。登校しぶりなど不登校傾向の子どもたちが大勢いるのである。欠席日数を調べると、完全に不登校の子どもは、四分の一程度である。また、三分の二程度は、登校日数の方が欠席日数よりも多かった。第三に、熊谷市の不登校児童・生徒について、文部科学省の不登校のタイプ分けを調べると、混合型を含めて不安などの情緒の混乱のタイプとされた者は、約五〇%であった。これらの情緒混乱の傾向が見られる事例では、事例によっては、教師が積極的に関わることに慎重さが求められるかも知れない。しかし、残る半数に対しては、完全な欠席状態であっても、教師が積極的に関わる余地があると思われた。第四に、市内の不登校等対策で研究指定をした中学校二校の実践の成果から、予想できることもあった。それらの学校では、研究指定の間に、不登校生徒の数が半分以下になった。それゆえに、教師が一丸となって、不登校問題に取り組めば、その程度の成果が出ると教育委員会は期待したのである。

一方、なぜ三年間の時間枠を設けたのかと言えば、以下の理由にある。本格化した不登校を学校に復帰させるのは容易ではない。問題を早期発見し、問題が深刻化する前に手を打たなければ、不登校は減っていかないからである。実際、二〇〇二年度の三十日以上欠席した二一三名の不登校の子どものうち、新たに不登校になった子どもは、五五%の一一七名だった。その前年から問題が改善した子どもは、一七%の三七名しかなかった。改善した子どもが一七%で、新たに不登校になった子がその三倍の五五%いる勘定になる。

後述するが、今回、熊谷市でも集中的に対応策を講じているのは、問題の早期発見、早期対応である。なぜなら、熊谷市に限った話ではないが、不登校は中学一年に新しく生じやすい。早期発見、早期対応に集中した効果が現れてくるのは、中学の生徒が入れ替わる時間が必要になる。この期間が三年間であり、そこで目標は達成されると予測したのである。

熊谷市での対応策

さて、どのように、三年間で不登校児童・生徒を半減させていくのかの対応策を示すことにしよう。教育委員会が重視し、目標にしたのは、「組織化」「かかわる」「意識化」であった。「組織化」とは、校内で組織をつくり、そこで事例に応じたチームを組むことである。前述のようなチームをつくり、チームで関わる点を強調したのである。

二〇〇二年度の段階では、目標値は教育委員会側が持っていたが、オープンにしていなかった。この段階で、熊谷市は不登校に関するさまざまなパンフレットを作成し、学校で相談の組織化を促した。また、熊谷市では平成十二年度からＬＤに関して、文部科学省の指定を受けた。そして、明星大学の大石幸二助教授が月二回程度市内を巡回し、コンサルテーションを始めた。このことが、課題を抱えた子どもに、心理面への専門家が教師の指導をバックアップしていくことについて、環境をつくることになった。

二〇〇三年度になると、教育委員会は、各学校に目標値を設定してもらい、そのための計画を提出してもらった。次に、前年度は一部の学校だけで実施していた月三日以上の欠席の把握を、全校で実施するようにした。

これに加えて、秋から、筆者が個票による学校コンサルテーションを開始した。個票に関しては、後ほど詳述するが、大学院生等の協力を得ながら、教師の作成した各事例の個票にコメントを書いて戻す作業を始めた。

二〇〇三年度の終わりから、二〇〇四年度にかけては、さらに、小中連携に取り組み始めている。この小中連携は、駿河台大学の青山洋子講師が中心に取り組んでいる。小中連携については、第17章で述べることにしよう。

月三日以上の欠席の把握

さて、個票の記入基準に、月に三日以上の欠席を挙げた。なぜ、月三日以上の欠席にこだわったのかといえば、いくつかの理由がある。第一は、学校の授業日数は、年間約十か月で、月三日の欠席が十か月重なれば三十日以上の欠席になることがある。第二に、具体的なスローガンがあると、教師は意識して取り組みやすくなることがある、

そして、第三に、一番重要なこととして、不登校が本格化した子どもの不登校開始時点の欠席

変化がつかめるのである。

表3　長期不登校化した中学3年生生徒の中学1年時の月別欠席日数

月	4	5	6	7	9	10	11	12	1	2	3
A	4	19	22	15	21	24	21	17	18	21	14
B	4	3	4	3	4	5	5	5	8	9	7
C	2	4	4	1	1	1	3	6	8	8	3
D	2	1	2	2	1	3	4	4	3	8	2
E	1	2	1	3	0	3	2	3	6	12	14
F	0	0	1	0	1	2	3	5	4	1	2
G	0	0	0	0	18	24	21	14	12	3	4
H	0	0	0	1	3	4	10	17	18	21	19
I	0	0	0	0	2	3	7	17	18	21	14
J	0	0	0	0	6	1	6	8	9	5	0
K	0	0	0	0	0	0	0	0	18	18	11

日数を調べると、月三日程度の欠席があってから問題が本格化していく場合が多いことである。表3は、熊谷市内のある中学校で、二〇〇三年度段階で中学校三年生の不登校の子どもが、中学一年のときに、どのような欠席状態だったのかを示すデータである（個人情報保護のために、データの意味を損なわない形で数値を若干修正している）。生徒Aから生徒Eは、小学校のときから不登校の傾向があった。四月から、生徒A、Bは四日欠席、五月から生徒Cは四日という具合に欠席している。FからKは、小学校のときには不登校の経験がない子どもである。このように、月に三日ぐらいをポイントに欠席日数を見ると、学校にまだ来ている早い段階で、子どもの

二〇〇三年度の夏休み明けと二学期終了時点で、個票を用いた学校関係者へのコンサルテーションを行った。個票に対するコンサルテーションは毎回二百近くになる。これは年間三十日の欠席を越えない事例も多く含まれるからである。個票の具体例は図4（次頁）に示す通りである。個票の情報は、個人名を伏せたものを送付してもらい、個票に記載された内容だけでコメントを書くのである。

個票は、多忙な教師の事情を配慮して、チェックで済む項目が多くある。何気なくつくられているかに見える個票だが、しっかりと記入してもらえば、コンサルテーションに必要なおおよその情報が得られ、子どもにふさわしい援助の大筋の見当がつく仕組みになっている。筆者がよりどころにしているのは、「本人の性格」の部分である。そこにチェックを入れていくパターンで、子どもたちが、八から十六タイプ程度に分かれるようになっている。欠席状況との関連をおさえ、教師から見た子どものタイプと、各学校関係者の行う対応とに落差がないかどうかを見ながら、個票へのコメントを書いていくのである。

しかし、この個票には、もう一つの隠された目的がある。それは、学校関係者の記載する自由記述欄に仕組まれている。そこは、「登校するための手立て」として、上欄は担任が書く部分である。真ん中の欄がスクールカウンセラーなどの相談室の担当者が記載する欄である。そして、管理職、すなわち校長先生が記入するのが、一番下の欄という具合になっている。さらに、右下側に関係者の押印の欄がある。

取扱注意　　　　　　　　　　　　　　　　　　　　　　　　9月分

個　票	学校番号	年	組	出席番号	学校名	
氏名		性別	男	女	担任名	

当月欠席日数	日	4月からの累積欠席日数	日	昨年度欠席日数	日	新	

理由

□　病気・けが（　　　　　　　　　　　　）
□　不登校傾向
・保護者が病気であるといっているが登校しぶりが見られる。
・集団になじめず些細な理由で、学校を休む傾向がある。
□　不登校
□　経済的理由により保護者が登校させない。
□その他（　　　　　　　　　　　　　　　）
・保護者に登校させる意思がない。

学校との連携

＊　保護者から学校（担任）に連絡があった。
□　保護者から連絡帳等で欠席の連絡があった。
□　保護者から電話で欠席の連絡があった。
＊　担任から家庭に連絡した。
□　担任が電話で保護者に欠席の理由を聞いた。
□　担任が家庭訪問をして、保護者と話をした。
□　担任が家庭訪問をして、本人とかかわった。
□　担任以外（養護教諭等）が、本人とかかわった。
□　学年便り等の印刷物を家庭に届けた。（誰が　　）
＊スクールカウンセラー・さわやか相談員に相談した。
□　本人　□　保護者
＊登校時に授業へ出席している。
□　出席しない（活動場所　　　　　　　　）
□　出席と欠席を繰り返す
□　登校時にはほとんど授業に出席している
□　本人及び保護者と連絡が取れない。

関係諸機関との連携

□　教育相談機関へ相談（相談機関名：　　　　）
□　適応指導教室へ通級（さくら教室）
□　児童相談所へ相談
□　民生児童委員へ相談
□　民間施設へ相談または通所（　　　　　）
□　医療機関へ通院・入院（　　　　　　）
□　巡回相談員による相談
□　その他（　　　　　　　　　　　　　）

連携の様子

児童・生徒の様態

＊登校に対する本人の意識
□　大変強い　□　強い
□　弱い　□　大変弱い
＊非行傾向があり、1か月間に下記の行動をした。
□　異装　□　茶髪　□　喫煙　□　万引き
□　飲酒　□　暴力行為　□　深夜徘徊
□　恐喝　□　家出　□　不純異性交遊
□　その他（　　　　　　）
＊　LDもしくは、ADHDの傾向
□　ない　□　多少見受けられる
□　傾向がある　□　診断されている
□　学業不振
□　過去にいじめられた経験がある
□　過去にいじめ側の経験がある
□　虐待の可能性がある
□　家庭生活に急激な変化があった
（　　　　　　　　　　　　　　　）
□　親子関係にトラブルがある
＊　登校に対する保護者の意識
□　大変強い　□　強い
□　弱い　□　大変弱い
＊　不登校支援チーム
□　キーパーソン役職名（　　　　）
□　メンバー役職名
（　　・　　・　　・　　・　　）

本人の性格

□　まじめである
□　周りの刺激に敏感である
□　孤立感がある
□　内向的性格である
□　緊張しやすい
□　自己中心性がある
□　ストレスに対して逃避的である
□　幼稚さがある
□　楽観的である

登校のための手立て

スクールカウンセラー・さわやか相談員からの所見　　　　（記入者名　　　　）

管理職所見	校長	教頭	生徒指導主任	教育相談主任	学年主任	担任
	印	印	印	印	印	印

1　対象は、毎月の報告対象児童・生徒です。9月に継続または断続して3日以上欠席した者についても提出してください。（明らかに不登校とは考えられない場合を除く）
2　適応指導教室等に通級し、「指導要録上、出席扱いとしている児童」も、対象とします。
3　新の欄は、本月初めて欠席日数が3日を越えた児童・生徒に○印をつけてください。
4　9月末現在で記入し、10月3日までに学校教育課長宛に提出してください。
10月中に小林教授の所見をお届けする予定です。

図4　熊谷市不登校児童・生徒用個表

この個票の様式は、各児童・生徒に対して、担任はどのような対応をし、スクールカウンセラーはどのような対応をし、学校長はどうしているのかが、一枚の中に書かれる。つまり、この用紙を書き上げるためには、学校の中で、その子をめぐって話し合いが行われなければいけなくなる。この個票をつくるだけで、チームをつくることが意識化され、ケースカンファレンスを学校で行わざるを得ないような仕組みが隠されているのである。さらに、押印をすることを通して、学年主任をはじめとした学校関係者は、その「子どもの存在」を意識化する。

このように、個票そのものは、筆者がコメントを書く材料にするのと同時に、学校関係者間でその子について語り合う機会にしてもらえる構造になっている。また、教育委員会は、その個票を中心に、学校内で個々人のカルテを作成し、職員室内に保管するように勧めた。そうすれば、学校関係者の誰もがカルテを閲覧でき、指導記録などをそこに集中できる。その結果、情報をチームで管理し、共有できるのである。

個票の所見による学校コンサルテーション回答例

最後に、具体的に筆者の記載したコメントの回答例を示すことにしよう。教師や学校の対応には、エールを送るのが基本である。「学校の先生頑張れ」「頑張っているね」と述べる。教師の対応を賞賛し、教師を励ますのである。その中に、一部、専門的に教師に伝えておきたい発言を含ませるようにした。以下に、専門性を踏まえた回答部分を紹介しよう。

たとえば、怠けの中学生の事例では、次のように書いたものがある。非行傾向があり、茶髪で深夜徘徊の問題があるとチェックがなされていた。教師は、この生徒を「自己中心的だ」と考えていた。そこで、教師の視点を否定せず、「この生徒さんは一見、やる気がなく気ままでわがまなま生活を送っているように見えますが、実はとても気にかけて欲しいと願っているようにも感じられます。異装・茶髪・深夜徘徊なども自分を見て欲しいのだ、という表現のようにも捉えられますし、また、自分の弱みを見せたくないために、強がって見せているという面も考えられます」と、事例理解の別の側面を語った。そして、「この先、この生徒さんが意欲的に学校生活を送るためには、学業面以外であっても本生徒が得意なことや頑張っていることを認め、積極的にほめることと、本人が感じていて言葉にできない辛さをわかる必要があるのではないかと思われます」と書いたのである。

このような生徒を「わがまま」とか「言うことを聞かない非行の少年、少女」だと理解すると、強く指導し、引っ張り、説諭してという方向の対応に流れる。その結果、指導すればするほど、学校から逃れようとしてしまう恐れがあるのである。そこで、教師の見ている世界は否定せず、「そう見えますが、そうではなく理解できる」と伝えているのである。

一方、過敏でまじめな中学生に対する対応も紹介しよう。教師は、「おとなしくて学校に来たいが、なかなか登校できない」生徒と記し、「周囲が元気づける必要がある」と個票に記載している。これに対して、筆者は「大事にしたいことです」と受けた。その上で、「本生徒さんにとっては現時点での登校が精一杯の努力のようにも感じますので、『がんばってるんだよねえ』と、現在の気持ちの上でのがんばりを、承認し続けることで元気づけたいようにも思いました」とコメントしたのである。

筆者は「がんばりなさい」などと元気づけるのではなく、「がんばってるんだよね」と現状を肯定することを強調した。この違いは大きい。このタイプの子どもに関わるときは、現状を強く肯定するのが原則である。元気づけることは、無意識のうちに現状以上を子どもには要求することになり、現状を肯定しなくなってしまう意味を持つ。以上のように、各事例の一つひとつのコメントは、専門家から少しのアドバイスで、教師の関わりへの見通しが持ちやすくなるように、工夫して記載した。

筆者は、学校領域で随分できることがあると思う。個票によるコンサルテーションは、「子ども一人ひとりをきちんと見てほしい」という筆者の願いを表し、その視点を教師が学びさえすれば、子どもへの関わり全体が変化すると考えている。そのことが、ゆくゆくは熊谷市全体の教師の子どもを見る力や技量に変化を与えるので、不登校の新しい発生を防ぐことにも繋がると信じているのである。

この個票には、本格化した不登校の子どもたちのケアも含まれるが、そのことに真剣に関わった体験が、今後の問題の予防に大きく貢献するはずである。子どもたちに丁寧な関わりができれば、不登校を半分にするのは、決して大げさな話ではなく、どこでも可能なことだと思う。

二〇〇二年度に二一三名を数えた熊谷市の不登校児童・生徒は、二〇〇三年度は一七〇名となり、約二〇％分減少した。二〇〇三年十一月現在では、一二一名である。前年の二〇〇二年同期十一月は一四五名で、二十数名減少している。二〇〇四年度末に半数の一〇六名が現在目指す数値だが、実現には若干苦しいと予測している。しかし、それを目標値とし、そこに近づくことを目指し、熊谷市内の全中学校、小学校は総力を挙げているのである。

第17章　不登校を予防する

不登校問題予防のための二つの予防策

不登校問題を予防していく上では、大きく二つの予防策がある。一つは、問題の早期発見、早期対応である。前章では、熊谷市の不登校半減計画のうち、早期発見、早期対応を中心に紹介した。しかし、不登校を本格的に予防しようとするのなら、問題の兆候が見える前に手を打つ必要があるだろう。早期発見、早期対応のことを二次的予防と呼び、問題の兆候が見える前に手を打つことを一次的予防と呼ぶ。二次的予防が健康診断であるのなら、一次的予防は、健康で言えば、健康増進、滋養強壮や衛生管理ということになる、

ここでは、問題の兆候が現れない段階で行う予防策、つまり、一次的予防を考えることにした

い。ここで最初に紹介するのも、熊谷市の不登校半減計画の中で行われている小中連携についてである。これは、一次予防を中心とした関わりだからである。熊谷市では、二〇〇三年度の終わりから、二〇〇四年度にかけて、小中連携に取り組み始めている。それは、二〇〇三年度の二月段階で、小学校六年生の全員を対象に、図5に示す小中連携申し送り個票を配布し、以下の基準に該当する児童を洗い出して記入してもらった。

第一の基準は、小学校六年生の四月から十二月まで十日以上の欠席を示した全児童である。第二は、小学校一年生から五年生までのいずれかの期間に、年間十五日以上欠席した児童である。第三は、巡回相談で対象となったＬＤやＡＤＨＤ傾向のある児童である。以上の基準のいずれかに該当する小学校六年全員を対象とした。これに該当する児童は、熊谷市では一九三名であった。これは、一学級あたり四から五名に相当する児童である。この中には、不登校児童・生徒用の個票で把握した児童十五名も、当然含まれている。

この申し送り用紙は、二〇〇四年三月に小学校から回収され、学校ごとに進学する中学校に送付された。入学式からスタートするのではなく、中学校の入学式前から把握しようとしたのである。この小中連携は、駿河台大学の青山洋子講師が用紙を作成し、二〇〇四年四月には、青山講師が各中学校に出かけて、コンサルテーションを行った。

取扱注意

個票	学校番号	年	組	出席番号	学校名(原籍校)		
					進学先中学校名		
児童氏名		性別	男・女	記入者	担任・旧担任・学年主任		
欠席状況	小学校1年生　日	2年生　日	3年生　日	4年生　日	5年生　日	6年生　日	

◎長期に欠席がみられた理由・きっかけ
□病気・身体の不調（　　　　　　　　　　）　□友人との関係の問題　□学業上の問題
□学校環境の変化　□家庭環境の変化　□その他（　　　　　　　　　　）□不明

◎登校への現在の意欲
本人：□積極的　□普通　□消極的　□なし
保護者：□積極的　□普通　□消極的　□なし

◎学習への意欲
□積極的　□普通　□消極的　□なし

◎本人の性格
□まじめ　□周りの刺激に敏感である　□孤立感がある　□内向的性格である
□緊張しやすい　□自己中心性がある　□ストレスに対して逃避的である
□幼稚さがある　□楽観的である　（すでに個票で回答している者は不要）

◎学校生活での様子	◎学力面での特徴 好きな教科：　　苦手な教科：

好きな学校での特別活動：
苦手な学校での特別活動：
趣味・興味を持っていること：

◎身体・成長の状況（分かる範囲で結構です）	◎生育歴（分かる範囲で結構です）
◎担任記入欄：本児に対して行った工夫・配慮	◎担任記入欄：今後、期待する指導や援助 印
◎管理職記入欄：本児に対して行った工夫・配慮	◎管理職記入欄：今後、期待する指導や援助 印

図5　小中連携申し送り個票（駿河台大学青山洋子講師作成）

小中連携申し送り個票の活用と個を見ること

図5で示したように、この個票は、担任と管理職に、「本児に対して行った工夫・配慮」と「今後、期待する指導や援助」について記載を求めた。また、学校生活での様子、学力面の特徴、趣味や興味、得意、不得意教科などの記載も求めている。この様式で理解できるように、小中連携の申し送り個票は、学校での指導の様子を中心に記載するものであり、不登校状態の子どもだけを意識したものではない。実際に、この個票で把握する子どもの多くも、不登校になるわけではない。また、小学校時に不登校を示していた子どもでも、中学入学直後に登校する場合が少なくない。つまり、入学の最初の段階で、これらの子どもが、中学校に全員登校することを前提に作成したのである。もちろん、この個票は、不登校傾向が見られた段階では、「どのように子どもに関わっていけばよいのか」のヒントが見いだせるようにも考えられている。

すなわち、この申し送り個票では、中学校の教師が行う学業面、生活面での指導や援助に焦点を当て、小学校六年担任の児童理解と指導への願いがストレートに伝わることを期待した。小学校六年の担任は、卒業生として送り出す感慨もある。学級担任制ゆえに、小学校の教師は、一人ひとりの特徴や指導を丁寧に記載できる。そして、小学校教師の熱意は高い。たとえば、選択基準に達していない児童ですらも、「気になる児童」として、用紙を付け足した小学校教師も少なくなかった。

この小中連携で、筆者や青山講師が期待したのも、この小学校教師の熱意と、配慮の行き届いた指導の様子を、つぶさに中学が知ることだった。熊谷市では、すでに不登校が減少しつつあり、小学校六年生で三十日以上欠席の児童数は、二〇〇四年卒業時点でわずかに十五名である。不登校ゼロを達成している学校も少なくない。小学校の教師の意識が進んでいるだけに、中学校に対する思いは強くある。この小学校教師の願いや思いが中学校教師に送り届けられれば、小学校教師たちの各児童を見る目の確かさと指導の工夫から多くを学ぶことができるはずであろう。

とはいえ、中学校にとって、各学級、四、五名に相当する生徒の個票を読み解くのは苦労がいる。その読み解きのために、卒業式前には、LD、ADHDを中心に明星大学の大石助教授が小学校に入り、付け足しの所見をコメントした。そして、入学式以前の四月の初頭から、駿河台大学の青山講師は学校を巡回して、コンサルテーションをしたのである。この効果についてはまだ確認できていないが、二〇〇四年度末に、中学校一年の不登校の新規の発生が、どの程度抑制できたのかは、いずれ明らかになるであろう。

この熊谷市の小中連携は、不登校の一次予防策としては、子ども一人ひとりを丁寧に見て、教師が個別に支えていく指導計画を事前に作成するという対応策である。一人ひとりを丁寧に見て、その指導を関係者で共有する。当たり前のようだが、教育者として、基本中の基本を疎かにしないことを、確認する作業である。すべての不登校予防の前提に、これがなくてはならないと思うのである。

「行きたくなる学校」を目指す

さて、不登校を予防していく一次的予防段階では、この他にも多くの方策が考えられるだろう。この場合、不登校問題で、筆者は大きく二つのことが行われねばならないと考えている。第一は、学校に登校したくなるようにするということである。第二は、普段の教育活動を通して、子どもたち自身に辛いこと、苦しいことを上手に切り抜けていくコーピング・スキルの力を身につけさせていくことである。

この第一の、登校したくなる学校であるが、これを目指すときに、さらに、二つの方向性がある。学校の中で、子どもにとって不必要に不快に感じさせることを少なくすることが第一である。これは、子どもを学校から遠ざけていく斥力を排除することである。第二は、子どもを学校に惹きつける魅力を増す、つまり、引力を強くすることである。

子どもを学校から遠ざけるのは、これまでに何度か示したように、不登校の追跡調査結果によれば、「友だちとのトラブルなど仲間との関係悪化」「学業上の不適応」「教師との関係悪化」の三種類である。この面への配慮は、教師の教育活動、生活指導、学級経営、すべての学校内の教育活動面で、配慮がゆき届かねばならないだろう。しかし、「悪化させない」ように配慮すること、つまり、斥力を意識して、「行きたくない学校ではなくなる」ことを目標にするのは消極的である。

目標にせねばならないのは、より積極的なものである。「仲間との関係悪化をなくす」のではなく、「仲間との関係をよりよいものにしていけるように、子どもを援助する」のが目指すものである。「学業上の不適応感を感じさせない」のではなく、「学業上の適応を促す」のである。また、「教師との関係を悪くしない」のではなく、「教師との関係をよりよくなるように、教師が努力する」のである。このように読み替えれば、教師自身が主人公となって、教育活動をする際の目標になるのである。

不登校ゼロを目指した高島第一小学校の実践

つまり、学校の魅力、学校が子どもを惹きつけて止まない引力を、学校で真剣に考える必要があるのではないだろうか。たとえば、「勉強は苦しいものだが、しっかりと頑張って取り組むものだ」という前提も、教育関係者は吟味してもらいたいと思う。この前提は、多くの大人が信じている誤ったものである。最近、小・中・高校の卒業式、入学式に出席する機会があった。どの教育委員会関係者も、学校管理職関係者、ＰＴＡ代表からも、「勉強は苦しい」が「頑張れ」という式辞が繰り返された。学習理論の専門家として言わせてもらえば、「楽しくない場に学習はない」のである。楽しくて仕方がないように、学習を構成し、子どもの学習を援助するのが「教育者」という専門家ではなかっただろうか。

ここで思い出すのが、東京都板橋区立高島第一小学校の実践である。この学校には、二〇〇一年十二月時点で、年度内の三十日以上欠席の不登校児童が八名いた。約五〇〇の児童数に対して、不登校児童発生率は一・六％である。東京都の平均出現頻度〇・四％であるので、約四倍の出現率であった。その中で、二〇〇二、三年度の二年にわたり、この小学校は、板橋区教育委員会から不登校改善モデル校の研究奨励指定校となった。

筆者が、この学校の要請を受けて、学校に訪れたのは二〇〇二年度の冬だった。すでに、この段階で、問題行動について教師たちが協議し、動けるチームがつくられるなど、学校内での教育相談体制がしっかりと確立できていた。そこで、筆者は、問題の予防論を中心に講演し、新たな不登校を出さないことの重要性を強調した。また、不登校の子どもたちの状況を聞き、それぞれの児童の対応について、教師たちにコンサルテーションした。このとき、深刻な家庭状況を抱え、神経症状を強く示す二名を除いて、それ以外の児童は、教室復帰は無理でも、学校への別室への復帰はできるだろうと見立てていた。

さて、その翌年度、二〇〇三年十一月に、高島第一小学校の研究発表会が行われた。その発表会に招待されて、筆者は驚いた。まるで、算数の授業研究の研究奨励校のような発表だったからである。習熟度別で算数を行う学年もあれば、オリエンテーリングのように、複数の教室を移動して、次々とさまざまな算数の課題をこなしていく学年もあった。全校の教師が一丸となって、学年単位で、算数の授業を工夫し、子ども一人ひとりに寄り添い、きめ細かい指導がなされていることが伝わってきた。そして、教師以上に、子どもたちには活気がみなぎり、夢中で算数をしていたのである。

なぜ、算数であったのか。それには次のような理由があった。高島第一小学校では、研究の一貫として、二〇〇二年度の末に、不登校気分や登校に対する意識と学校生活全般の悩みに関する意識調査を行った。そして、子どもによって、学校に行きたくないと感じる要因がさまざまにあること、多くの子どもが、登校への抵抗感や学校生活上の悩みを持っていることを実感した。子どものさまざまな悩みに寄り添うために、教育相談部会の会議が月に一度、定例化して持たれるようになった。また、教育相談用の個票と、経過報告用紙が作成された。そして、問題行動が見いだされたときや不登校傾向が見いだされたときの対応についてマニュアル化して共通理解するようにした。

さて、そのアンケート調査の中で、学校がとくに注目したのは、学校に行きたくないと感じる子どもの二五%が、「勉強がわからない」としたことだった。この項目が、不登校気分と一番関連していたのである。そして、苦手とする教科では、「算数」を挙げた子どもが二二%と一番多かった。そこで、二〇〇三年度は、児童が算数を「できた。わかった」と喜びを感じ、学校に来ることが楽しいと思えるような授業改善に取り組んだのである。

その結果、算数の授業改善が進んだ。十一月の発表会までの間に、算数を苦手とした子どもの割合は数%に激減した。そして、新しい不登校は、まったく生じなかった。さらに、不登校を示していた子どもも、全員が学校に戻ることができた。筆者が学校に戻ることが難しいだろうと考えた子ども二名も、別室登校の形で通学できるようになっていた。研究発表当日も、その二名は別室でスクールカウンセラーと時間を過ごしていた。発表会の当日、「彼らは、見知らぬ人は、苦手だからなあ」と校長先生は、心配そうに語っていた。だが、全国から数百名の教育関係者が訪れた中でも、別室で元気に過ごしていたのである。

高島第一小学校の実践を、「算数の授業をしっかりやれば、不登校が減る」と短絡的に理解しないでほしい。このような誤りがよく起きるからである。非行をなくした実践の中で、「よさこい祭り」がよかったと聞き、「よさこい祭りをすれば、非行がなくなる」と誤って理解する。このような間違いが、教育界では少なくない。

高島第一小学校の場合では、アンケート調査をして、子ども自身のニーズをしっかりと把握し、子どもの気持ちや願いに、教師全員が寄り添おうとしたことが大きいのである。目の前にいる子どもの願いに、学校の教育の方向を合わせようとしたことが重要なのである。教師全員が不登校の問題を一部の問題とせず、学校環境全体の問題として理解したことも大きい。少しでも学校を子どもにとって魅力的なものにしていこうと、意識的に子ども一人ひとりに関わる姿勢がつくられたことが大事なのである。

発表会の当日、ある県の教師二人と一緒に、すべての教室の授業を見て回った。一人は、県下で一番荒れている学校を立て直した体験のある中学の生徒指導主任だった。もう一人は、授業研究で県の教育長から連続して最優秀賞などの表彰を受けている小学校教師だった。発表会の後、教育のプロである彼らに率直な感想を求めた。

「子どもたち自身が、動きたいように活動している」「研究発表のために、装っている授業ではない」「子どもが、とにかく学ぶことを鍛えられている」と述べた。二人が口をそろえたのは、教師の教える技量はさまざまだが、「教師全員に、子どもたちをあたたかく見守る眼差しがある」ことだった。当たり前のようだが、その眼差しを教師全員が持つ。このことが、学校を魅力的にしていく第一歩に違いないのである。

文献一覧

【引用文献】

Erikson,E.H. 1950 *Childhood and Society.* New York：WW Norton（E・H・エリクソン著、仁科弥生訳『幼児期と社会1』みすず書房、一九七七）

現代教育研究会（代表：森田洋司）『不登校に関する実態調査——平成五年度不登校生徒追跡調査報告書』文部科学省委託調査研究、二〇〇一

小林正幸・田中陽子・神村栄一「不登校の改善に関する研究——登校行動改善の規定要因」『カウンセリング研究』二八、一三一—一四二頁、一九九五

小泉英二編著『登校拒否——その心理と治療』学事出版　一九七三

文部省『平成五年度学校基本調査』一九九四

東京都立多摩教育研究所教育相談研究室『不登校事例の再検討［I］——教育相談室の実態から』東京都立多摩教育研究所、一九九二

東京都立多摩教育研究所教育相談研究室『学校に関する意識の検討——学校の楽しさをめぐって』東京都立多摩教育研究所、一九九七

【参考文献】

福島脩美・田上不二夫・沢崎達夫・諸富祥彦編『カウンセリングプロセスハンドブック』金子書房、二〇〇四

東山紘久『母親と教師がなおす登校拒否――母親ノート法のすすめ』創元社、一九八四
平井信義『登校拒否児――学校ぎらいの理解と教育』新曜社、一九七八
稲村博『不登校の研究』新曜社、一九九四
石隈利紀『学校心理学――教師・スクールカウンセラー・保護者のチームによる心理教育的援助サービス』誠信書房、一九九九
板橋区立高島第一小学校『不登校児童0（ゼロ）をめざして　不登校改善モデル校』平成十四・十五年度板橋区教育委員会研究奨励校研究紀要、二〇〇三
岩本隆茂・大野裕・坂野雄二編『認知行動療法の理論と実際』培風館、一九九七
神保信一・山崎久美子編『学校に行けない子どもたち――登校拒否再考』現代のエスプリ二五〇、至文堂、一九八八
河合伊六・桜井久仁子『不登校――再登校の支援』ナカニシヤ出版、二〇〇〇
小林正幸『先生のための不登校の予防と再登校援助――コーピングスキルで耐性と社会性を育てる』ほんの森出版、二〇〇二
小林正幸『家族へのカウンセリング』田中教育研究所、二〇〇二
小林正幸『不登校児の理解と援助――問題解決と予防のコツ』金剛出版、二〇〇三
小林正幸・有村久春・青山洋子編著『教師の悩みに答えます――保護者との関係に困った教師のために』ぎょうせい、二〇〇四
小林正幸・嶋崎政男『もうひとりで悩まないで！　教師・親のための子ども相談機関利用ガイド』ぎょ

うせい、二〇〇〇
小泉英二『続登校拒否——治療の再検討』学事出版、一九八〇
行動療法ケース研究委員会編『行動療法ケース研究　登校拒否』岩崎学術出版社、一九八五
行動療法ケース研究委員会編『行動療法ケース研究9　登校拒否II』岩崎学術出版社、一九九三
文部科学省不登校問題に関する研究協力者会議『今後の不登校への対応の在り方について（報告）』文部科学省、二〇〇三
文部省学校不適応対策調査研究者協力者会議『登校拒否（不登校）問題について』文部省、一九九二
文部省生徒指導研究会編『登校拒否の指導相談事例集』第一法規、一九八八
文部省中学校課『生徒指導上の諸問題の現状と文部省の施策について』文部省、一九九一
森田洋司『「不登校」現象の社会学』学文社、一九九一
森田洋司編著『不登校—その後——不登校経験者が語る心理と行動の軌跡』教育開発研究所、二〇〇三
佐治守夫・神保信一編『登校拒否』現代のエスプリ一三九、一九七九
坂野雄二『認知行動療法』日本評論社、一九九五
鈴木浩二編『家族療法ケース研究2　登校拒否』金剛出版、一九八八
詫摩武俊・稲村博『登校拒否——どうしたら立ち直れるか』有斐閣選書、一九八〇
内山喜久雄編『登校拒否』金剛出版、一九八三
内山喜久雄編著『臨床教育相談学』金子書房、一九九六
山上敏子『行動療法』岩崎学術出版社、一九九〇

おわりに

本書は、金子書房の月刊誌『児童心理』に、「事例から学ぶ 不登校への援助の実際」と題して二〇〇三年の一月から一年間にわたって連載したものを中心に、大幅に加筆修正したものである。連載タイトル決定の際、筆者は、「事例を通して、関わる者が押さえなければならない勘所を伝えたい」と編集者に述べた。

編集者は頷き、「それでは……『事例から学ぶ』ということですね」と言った。

このタイトル決定は、後々、自分の首を絞めた。伝えたい内容に見合った事例を、毎回の連載で載せるのである。内容に適った事例を、すんなりと思い出せるとは限らない。事例が定まれば、本文は造作もないのだが、事例が定まらないときは、四苦八苦した。

読み直して改めて思うことは、そこで選ばれた事例それぞれが、筆者に驚きと感動を与え、何かを教えた事例だったことである。そして、思い出すのは、筆者が新米のカウンセラーだったころである。当時、「カウンセリングを一万時間すれば、何かが見えてくるだろう」と、ぼんやりと思っていた。「それには、十年が必要だろう」と計算した。幸い筆者は、十一年間教育相談の場にいた。カウンセリング一万時間の目標を越えた。もちろん、筆者は壁に向かってカウンセリングをしていたのではない。一万時間の間、筆者を育て、何かを教えてくれた子どもたちと保護者が目の前にいた。その人たちから学んだことが、本書になった。本書が、次の事例に、そして、後に続く若いカウンセラーや教師に役立つのだとしたら、これほど嬉しいことはない。
最後に、連載当初から、仕事に誠実な編集者亀井千是氏の支えがあったこと、氏の忍耐強い励ましがなければ、本書の上梓は難しかったであろうことを記し、深く感謝したい。

二〇〇四年九月一日

小林正幸

■著者紹介
小林正幸（こばやし・まさゆき）
1957年，群馬県生まれ。専門は教育臨床心理学。筑波大学大学院修士課程教育研究科修了。東京都立教育研究所，東京都立多摩教育研究所研究主事，東京学芸大学心理学科助教授を経て，現在，同大学教育実践研究支援センター教授。臨床心理士，学校心理士，認定カウンセラー，認定カウンセラースーパーバイザー。主著に『不登校の予防と再登校援助』（ほんの森出版），『不登校児の理解と援助――問題解決と予防のコツ』（金剛出版），『学校でしかできない不登校支援と未然防止――個別支援シートを用いたサポートシステムの構築』（共著，東洋館出版社）などがある。

事例に学ぶ　不登校の子への援助の実際

2004年10月25日　初版第1刷発行　　検印省略
2013年12月21日　初版第7刷発行

著　者　小林正幸
発行者　金子紀子
発行所　株式会社 金子書房

〒112-0012　東京都文京区大塚3-3-7
電　話　03(3941)0111〔代〕
ＦＡＸ　03(3941)0163
振　替　00180-9-103376
URL http://www.kanekoshobo.co.jp

印刷・製本　凸版印刷株式会社

ISBN978-4-7608-2600-1 C3037
Printed in Japan